活動基準原価計算入門

コストマネジメント理論の実践

Peter L. Grieco, Jr. 著
Mel Pilachowski

溝口 周二 訳
杉本 正隆

シグマベイスキャピタル

ACTIVITY BASED COSTING
by
PETER L. GRIECO, JR & MEL PILACHOWSKI
Copyright © 1995 by PT Publications, Inc.
Japanese translation rights arranged with PT Publications, Inc. through Japan UNI Agency, Inc., Tokyo.

訳者まえがき

　日本経済のバブルが弾けて十数年が経過し，企業経営の動向はようやく回復の緒についたばかりである。これまでにも，経営管理者は業績回復を目指し，リエンジニアリングやリストラクチャリングによるビジネス・コスト削減を時宜にかなった経営方針として実行してきた。

　しかし，このような手法によって短期的なビジネス・コストの削減だけは達成されたものの，企業の長期的な競争優位性を確保することが困難になり，利益自体が下降し，経営組織の活力が次第に低迷してきた。この大きな原因は，ビジネス・プロセスの根本的な見直しによって無駄な活動やプロセスを削減し，経営活動全体の継続的改善を図らずに，手っ取り早くコスト削減効果の出る人的資源の削減を中心に原価管理を実行したため，必要な人材や資源の組織外への流出が加速化され，将来の成長や競争優位性の確保の機会を減少させたためであると考えられる。

　翻って，経営管理者が継続的改善を図り，将来の競争優位性を確保するための意思決定を支援する原価や管理会計情報は有効であろうか。経営管理者は，生産，販売，物流，一般管理等の各機能を実行する上で，どのプロセスや活動が付加価値を付け加え，そのプロセスや活動自体の原価がどれくらいかかるかを把握しているのだろうか？　結論から言えば，伝統的な原価会計システムでは，活動やプロセスの正確な原価を計測することが不可能である。本書では，このような事態を次のように要約している。
・伝統的な原価会計システムにより，ビジネスの弱体化が進行している。
・財務諸表ベースの集約された会計数値に重点をおきすぎるため，継続的改善に有用な原価情報が入手できない。

・伝統的な原価会計システムは正確な原価を歪め，競争優位性の妨げとなっている。

　継続的改善を促進し，競争優位を確保する戦略的な原価管理を実行するための新しい原価会計システムとして，本書では活動基準原価計算（ABC：Actibity Based Costing）を取り上げている。ABCは製品生産やサービス生産の双方に応用可能な手法であり，価値連鎖分析（Value Chain Analysis），ジャスト・イン・タイム生産（Just-In-Time），供給連鎖分析（Supply Chain Analysis），総合的品質管理（Total Quality Management），アジル生産（Agile Manufacturing）等の新しい経営管理手法の計画と管理に有効な原価情報を提供する。ABCを利用して初めて経営管理者はこれらの経営手法ごとの収益，原価，付加価値が計測され，目に見える（可視化）ようになる。

　本書は管理会計やABCを扱っているが，計算プロセスや差異分析等の会計計算が中心ではない。本書の目的は，継続的改善を実行し，競争優位を確立して世界企業としての業績を獲得するための戦略的な原価管理の概念，実行プロセスを読者，特に中間管理職以上の経営管理者に理解してもらうことである。このため，わかりやすい事例と図表により，最新のABC理論や経営管理手法に対するコスト・アプローチが説明されている。

　本書の特徴は，各章で新しい原価計算パラダイムの重要な側面に焦点を当て，マネジメントとアカウンティングの双方から経営活動やプロセスの戦略的管理のための会計情報，実践手法を具体的に提示していることである。このため，本書は管理会計とは直接縁がない経営管理者にとっても，活動やプロセスとコストの相互関係を理解し，効果的な改善運動を実践するのに十二分に役立つと信じている。経営管理者にとって，本書が刺激的なビジネスの本質を解明する管理会計への最初の道標とならんことを願うものである。

最後に編集作業を担当した，シグマベイスキャピタル㈱出版部の新橋良章氏及び真下早苗氏の両名に謝意を述べたい。訳者による手直しが活字化されたのも両名の働きがあればこそである。また翻訳作業を影ながら支えてくれた家族にも感謝の気持ちを，この場を借りて述べさせていただきたい。

溝口周二
杉本正隆

はじめに

　私達はこの本を書きながら，素敵な家の前に生い茂る芝生の雑草のことを思い浮かべている。毎週その家のオーナーが出て来て，芝生の雑草を全部刈り取ることだろう。1日以上かかって，芝生はきれいになったようには見える。しかしその後，雑草は所かまわず再びあちこちでのび始める。

　このことは現在企業組織で使用されている原価計算の状況を表現しているようである。私達は次のことが真実であると確信を持っている。

・伝統的な会計実務がアメリカのビジネスを弱体化させている。
・財務指標に重点をおきすぎるため改善を実現しにくい。
・伝統的な原価システムは原価要素を覆い隠し，競争優位性の妨げとなっている。

　言い換えれば，私達は問題を毎週刈り取り，外見上は全てすばらしく見えるようなふりをしている。その状態が2，3日続く。それから，上記のような問題があちこちで再び起こり始める。

　この問題を回避することは原価システムの解決にはならない。もし私達が自社のコスト・ドライバーを探し出さずに，コストを製品やサービスに直接跡付けるならば，私達は世界規模での市場地位を失うことになる。

　私達は両手両膝をついて，その問題を根元から引き抜かなければならない。私達は自社の潜在的可能性を持つ領域を見出す手法として活動基準原価計算（Activity Based Costing：ABC）を利用することから始めなければならない。これは製品の製造あるいはサービスの提供のどちらにも当てはまる手法である。

私達が現在用いている原価割当の方法は，度々問題を悪化させる。

　Activity Based Costing は私達に原価計算システムをどのように展開し実行すべきかを示唆し，それによって可能な限り最も効率的かつ無駄のない方法で企業経営に必要な情報が提供される。ABC は最近のあらゆるビジネス分野で，一般的によく利用される。とりわけ，ジャスト・イン・タイム（Just-In-Time），供給基準管理（Supply Based Management），総合的品質管理（Total Quality Management），アジル生産（Agile Manufacturing）に役立つ。実際，ABCはこれらの手法全てに共通して，1つの財務指標に結びつけるものである。

　この本の各章では新しい原価計算パラダイムの重要な一面に焦点を当てている。私達が書いたのは，現在の原価計算システムとその制約について考える情報を提供するためである。私達の本は製品の製造以外にサービスの提供に関して，真の総コストをどのように推定するかについて段階的に例示している。私達の本では財務，会計部門だけではなく，企業の全ての分野について考察している。私達は〝芝生〟への戦争が作業現場でも行われることを知っている。

　この本は戦うための本である！　これを読んで必要な段階を踏み，組織の繁栄と願わくばさらなる存続を確信してほしい。

Perer L.Grieco,Jr
Mel Pilachowski

Palm Beach Gardens, FL

謝　辞

　私達は全てのクライアントが継続的改善に対して持っている理解と共通の認識，そして勇気に感謝したい。この本はアメリカ企業のもっとも重大な変革に挑んだ物語である。特に Pro-Tech の私達の同僚全員に感謝する。彼らは私達を刺激し，彼らの経験がこの本になっている。彼ら全員が各章の批評と提案に時間を割いてくれたことに感謝する。

　特に触れなければならないのは有能で懸命に働いてくれた事務所のスタッフに対してである。彼らは国内外への旅行に，常に随行してくれた。多くの賞賛は Steven Marks によるもので，彼は積極的に編集に助力してくれた。私達はまた，Kevin Grieco が私たちの本のカバーをデザインしてくれたことに感謝する。

　Pro-Tech において私達はまた，この本と知識を利用して各企業の21世紀に導こうとする人々全てに前もって感謝したい。このような人々は彼らの弛まない努力に対する私達の敬意に値するものであり，その努力によってコントロールされたコストと彼らの企業や可能性を世界規模の組織へと推し進める。

筆者紹介

　Perer L.Grieco,Jr は国際的コンサルティングと教育機関である Professionals for Technology Associates, Inc の議長と CEO（最高執行責任者）である。彼は California の Fremont にある Apple Computer 社の Macintosh のオート・フォーカス工場の開発に貢献した。彼の産業的経験により，反復的生産プロセスと個別生産プロセスの両方の達成が可能となった。彼は製造業において実務家と教育者として25年以上の経験を持っている。彼は数多くの業務，財務における地位を経験し，同様に数多くのセールス・マネジメントやマーケティング部門の責任を持っていた。Grieco は最近の JIT/TQM に関する教科書の中心的な著者である。彼の著書には，

"Made In America-The Total Business Concept",

"Just-In-Time Purchasing",

"Supplier CertificationⅡ",

"Behind Bars: Bar Coding Principles and Applications",

"The World of Negotiations: Never Being A Loser",

"People Empowerment: Achieving Success from Involvement",

"World Class: Measuring Its Achievements",

がある。彼は Central Connecticut State University, Wharton School of Finance (Moody's School of Commerce) で教壇に立っている。彼は頻繁に多数の専門学会，セミナー，協議会，そして大学の授業でオペレーション・マネジメントやジャスト・イン・タイム/総合的品質管理に関する項目を講義している。

　Mel Pilachowski は現在，Professionals for Technology Associates, Inc の副社長である。Pro-Tech のコンサルタントはマネジメント・コンサルティング

と教育に才能を持っている。彼の担当するクライアントはたとえば次のような企業である。Ricoh，Stering Engineering Products，J.I.Case，Rexnord Automation，General Foods，NCA Corporation，Scotts Pool その他ハイテク企業である。Mel はマネジメント・コンサルタント，MRP II システム・マネージャーなどの地位を経験した。彼の経験は自動車，電機，織物，ソフト・ウェアと財務などが含まれる。彼は現在国内外の20以上の大学で利用されているトータル・コスト・プログラムの開発者である。Pilachowski は University of Baltimore に会計・経営コースの主要なスタッフの一人として教壇に立っている。彼は多くの大学でジャスト・イン・タイムや総合的品質管理，製造と財務のアプリケーションについて教え，講義している。彼は製造と財務のアプリケーション・システムについて論文を発表し，教育に携わっている。

目　次

訳者まえがき　1
はじめに　4
謝辞　6
筆者紹介　7

第1章　会計がアメリカ企業を弱体化する　13

製造原価構成の変遷　15
管理会計に対する不満の増大　17
会計は業績測定基準を提供するのに失敗している　20
隠れた原価要素のために製造の優位性が損なわれる　22
経営意思決定を支援する有効なデータの欠如　23
業績報告の中に非財務データが欠如している　26
要約　27

第2章　必要とする変化を認識する　29

組織目標を支援する尺度　31
顧客満足　49
内部業務を管理する情報の提供　49
製造原価要素の認識を拡張する　51
価値の付加と喪失を決定する原価要素の検討　54
原価を追跡可能にする　56
原価削減戦略の導入　58

第3章　総コストの構成要素を識別する　61

品質コスト——品質改善の価値を理解する　64
在庫コスト——改善動機としての原価要因の導出　69
調達コスト——資材の調達費用に的を絞る　77
データ処理コスト——データ処理コストを明白にする　80
管理コスト——事業運営のコストを明白にする　84
適合性のコスト——納期厳守についての内部コスト，外部コスト　87
製造コスト——製品コストを明白にする　90

第4章　原価活動を識別する　95

原価活動を把握する構造の定義　96
全活動の中心でデータを処理する　99
原価報告活動を機会領域毎に区分する　102
新しいコスト構造の創出のため現存システムとすり合わせる　104

第5章　製品／サービスの原価算定手続を確立する　107

間接費方式から直接費方式への転換　109
製造間接費の中身を調べる　111
コスト算定で，コスト配賦の仕組みを利用する　115
製品ラインの収益性を明らかにするため，製品コストの構成要素を広げる　121

第6章　世界クラスの敏速な製造環境における原価管理責任　125

敏速な製造におけるコストとの関連性　127

原価管理者の業務参加の役割を拡張する　131

ベンチマークされた原価の計算及び計算結果を内部に伝達する　134

費用対便益を明確に分析することで継続的改善努力を支援する　139

投資分析と経営意思決定にデータを提供する　141

バーコード化プロジェクト　143

第7章　技術変化に対応した原価計算を準備する　147

グループ技術とセル生産導入による原価節約額　150

カンバン導入による在庫削減と精度の向上　156

段取の削減と原価節約効果　160

データ収集の利点――少ない労力でより多くの情報を供給する　162

納入業者管理とコスト／価格の比較　164

要約　167

第8章　ライフ・サイクル・コスティング――研究開発から市場満足まで　169

全ての機能における原価データの捕捉，計画，管理　171

製品総原価と収益性を評価する活動基準見積　175

目標原価を確立する　180

新製品の計画と予算管理のためのライフ・サイクル・モデル　182

第9章　原価管理：継続的改善に力点を置く　187

組織内での原価責任と原価説明責任を決定する　188

原価改善と原価節約とを区別する　190

継続的改善の環境を目に見えるようにする　193

要約　197

第10章　活動基準原価計算を導入する　199

実績向上のためＡＢＣチームを選抜する　200
実践向戦力として機能するチームメンバーを教育する　202
成功する機会をチームに与える　205
要約　206

ケーススタディ　自製か購入か　209

事項索引　218

第1章

会計がアメリカ企業を弱体化する

まず次のことをイメージしてみよう。ある試合でスコアラーが複雑な手順や数式を使って選手の給与，平均打率，チケットの売上枚数，第3イニング中に売れたホットドッグの数，ドラフトの選手指名案を考えているとする。ここでスコアラー達は，各チームが挙げた得点数を完全に無視している。このような情景をイメージすると，アメリカの企業で実際に起こっていることに気がつく。即ち，会計担当セクションが製品やサービスの提供のために企業が何を費消したかを把握しようとしていることである。

後述するが会計データは工場の現場，管理セクション，営業の前線で行われている活動をほとんど表していない。更に現在使っている会計データのために利益は一向に上がらず世界市場で他社と競合不能となるような落とし穴に深くはまりこんでしまうことにもなる。

伝統的な会計実践により，アメリカ企業が結果的に衰弱してしまう欠陥をあげることができる。以下に，目に付く問題を列挙する。

- 伝統的な会計実践では，経営陣が業績を知る手段を提供できない。これは内部管理目的よりもむしろ外部報告に焦点があてられているためである。
- 伝統的な会計実践では，関心が生産ラインではなく最終損益に向かいがちである。
- 伝統的な会計実践では，利益を食いつぶしたりマーケットシェアを獲得する競争機会を逸するという問題点を正確に指摘できない。
- 伝統的な会計実践では，社内に存在する改善の機会を識別できない。更に非付加価値活動の排除や，付加価値活動の改善活動を通じて無駄の原因や原価削減の機会を見落としてしまう。
- 伝統的な会計実践で採用される手っ取り早いコスト削減方法は，人員削減か納入業者への原価切下げ要求である。このような方法では，無駄，継続的改善，真のコスト・ドライバー（訳者注①）の識別，コスト配賦の失敗といった内部管理問題を回避するばかりでなく，こうした問題を無視することで更に手におえない問題を創り出してしまう。ここでは回避が大きな

問題になっており，これを示す良い例が芝生の雑草である。雑草の出ている部分を刈り取ったとしても，それは問題を一時的に隠したことに過ぎない。雑草を取り除くには，雑草を根こそぎ引き抜く必要がある。これ以外に青々とした芝生を維持できない。同様のことがビジネスにも当てはまる。この根本に届くだけでなく最大限活用させる原価管理システムが道具として必要とされている。

ジャスト・イン・タイム，総合品質管理，統計的工程管理，段取削減，バーコードの導入，チームの形成，納入業者認定は，このような新しい道具の一例である。我々がコンサルティング業務を通じて経験してきたのは，この道具を使うことにより，クライアントが自立し，発展していることである。しかし最適の成果が得られると判断できるのは，無駄をなくし原価削減により，継続的に業績改善を指向する総原価システムの一環として，この道具が使われる時である。このような状況を導く主な手法は，各製品に真の活動原価を割り当てることであり，製造間接費として直接跡付け出来ない全てのコストを直接労務費に基づいて製品毎に不正確に配賦することではない。このように製造原価が計上されてきたが，この手法はもはや適切な方法ではない。では，この理由を探るために，製造原価構成の変遷を簡単に振返ってみよう。

製造原価構成の変遷

製品に製造原価を割り当てることは，従来からビジネスで行われてきた手法である。主な原価要素は，原材料費，労務費，製造間接費である。労務費と原材料費は製品に直接賦課される。例えば，鋼鉄の原価や溶接工の時間給は，製品生産量に合わせて直接賦課されてきた。その他の原価として，具体的には，電力費，貯蔵費，保険料，付帯費用，賃貸料，スクラップ等の原価は，製造間接費と呼ばれる「どんぶり」勘定に計上される。更に，製造間接費は，労務費から算出される予定配賦率に基づいて製品毎に配賦される。

このシステムは1970年代までは十分機能してきた。しかしこれ以後原価データが実際のコストを反映していないことが分かってきた。それまで企業はこの問題を避けて通ることが可能であった。それは，技術進歩とマーケットシェアの拡大，及び価格上昇により利益を維持できたからである。要するに，利益をあげて繁栄している時期では積極的な原価管理は必要とされなかった。しかしいくつかの領域では，日増しに複雑化する操業，研究開発の発展，製品の多角化，反復的な製造・オートメーション化に原価システムはついていけなくなった。加えて会計は公的部門による企業所有の増加や連邦法の規制を満足させるために，財務会計報告又は外部利益関係者への報告へとその性格を変えていった。この結果，会計の主要業務は外部への財務報告であり，内部のコストの報告と原価削減手法の探索ではなくなった。

　今世紀におけるここ何十年の間に生じた重要なシフトは，下記の図が示すように総原価に占める労務費の割合が次第に小さくなってきたことである。

　しかし既に指摘したように製造間接費は，労務費が重要な要素であった時には労務費に基づいて製品に配賦されてきた。不幸にも旧式の原価システムは19

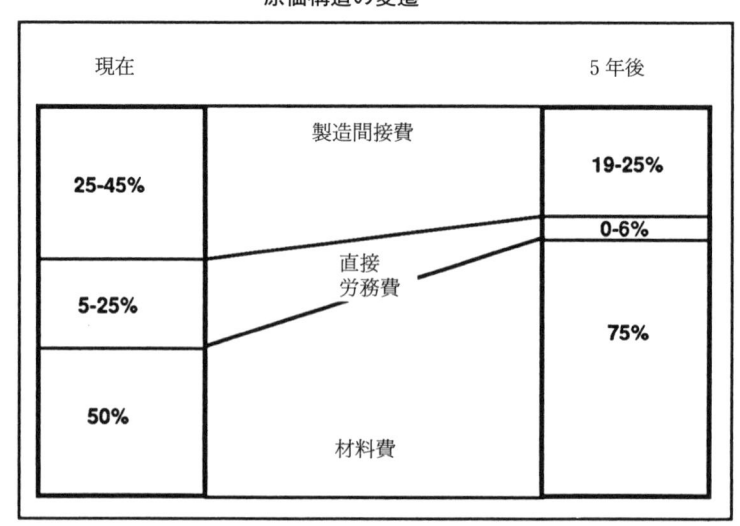

原価構造の変遷

現在		5年後
25-45%	製造間接費	19-25%
		0-6%
5-25%	直接労務費	
		75%
50%	材料費	

世紀後半から20世紀初頭における前提条件を基礎に依然として使われている。その当時は，労務費に基づき製造間接費を配賦するにはそれなりの意味があった。このような方法をビジネスで続けていくことはもはやできない。製造原価のデータを作成し，製品を製造するための実際の活動をここに反映させるべきである。また，原価システムは適切な情報を経営陣に供給する必要がある。

管理会計に対する不満の増大

　広範囲にわたって合理的に意思決定を行う際，必要な情報を経営者に供給することが管理会計の責務である。

　前述のことから明らかなように，今日存在する会計実践によって経営陣は，企業で実際に発生する正確な実像を把握できない。これが現実であり，この会計実践に基づいて経理部門が実施する会計数値や財務報告が存在する。管理会計に対する不満を分類すると以下のようになる。

- 旧態然の原価計算手法が製品原価を歪めている。
- 誤った外部委託決定。
- 貧弱な投資分析。
- 外部報告を重視するあまり，内部情報がタイムリーかつ有用なものではない。
- 総資産利益率（ROA）は簿価に基づいており，実質資産価値に基づいていない。
- 直接労務費の偏重。
- 短期収益性重視の結果，長期収益性が犠牲になっている。
- 原価システムと製造システムが統合されていない。
- 部門間の協力の欠如。

　管理会計に対する不満の増大は，企業活動における条件変化の結果である。

周知のように，製造原価に占める直接労務費の割合が逓減する一方，製造間接費のウェイトは逓増している。残念ながら伝統的原価システムは，この変化を反映していない。

従って伝統的原価システムは，労務費をコスト削減の対象にしている。この理由は，労務費削減がいつも実行されやすいことにある。即ち労務費が原価要素の中で最も分かりやすいからである。しかし，これから指摘するように，製造間接費こそ見直しの対象になるべきである。

新しいビジネスの傾向に見られる変化は，原材料費の適合性に現れてきた。伝統的に，原材料費は最も管理しやすい原価要素であると認識されてきた。しかしその利点も姿を消しつつある。というのは原材料費として収集，管理，報告される会計データが不正確なケースが多かったからである。加えて原材料費は次第に陳腐化しつつある原価データに基づいているために，もはや有用ではなくなってきている。例えば，購入価格差異や原材料副費は原材料の取得，納入，在庫に関わる真の原価を表しておらず，外部納入業者の活動も製品原価に直接反映されていない。その結果，真の製品原価が歪められる。製品は実際の使用量の代りに，不適切な原価要素に基づく製造間接費からコスト評価が行われている。このように製造間接費を配賦するために利用される方法は，非常に容易であるが，正確性及び有用性を欠いている。

以下の例で，従来からの原価計算の手法では欠点がどのように露呈されるかを検討しよう。

例1：伝統的手法

製品Aは20の部品から出来ており，原価が180ドルかかっている。組み立てに2時間要し，労務費は1時間20ドルである。製造間接費は120％の直接労務費に基づいて算定されており，その原価は48ドルである。製品Aの総原価は268ドルである。

製品Bは5つの部品から出来ており，原価が180ドルかかっている。組み

立てに2時間を要し，労務費は1時間20ドルである。製造間接費は120％の直接労務費に基づいて算定されており，その原価は48ドルである。製品Bの全体の原価は268ドルである。

しかし，このケースを詳細に比較すると，この2つの製品生産に利用される製造間接費の総額が同一であるかどうかに疑問をもつはずである。突っ込んで検討すると，両者の製品を製造するために使った部品の数にかなり差があることがわかる。論理的に考えれば20の部品を組み立てる原価のほうが5部品を組み立てる原価より高いはずである。仮に製造間接費を配賦する基準として直接労務費を利用するのであれば，製造間接費（部品の発注，納入，在庫，出庫）は適切に計上されていないことになる。このように伝統的原価計算の手法は正確な製品原価を歪めるのである。

製造間接費の計算は原価計算システムに取りこまれなければならないが，もう1つ問題が指摘されている。伝統的原価管理システムでは一切の非付加価値活動が製造間接費に一括計上される。この間接費総額に基づいて，全製品に活動使用量を度外視して原価が配賦される。間接費の計算と報告を取りまとめることで，製品に対する真の原価関係を隠してしまう。企業の中には，製品原価の歪みを最小化するために，製造間接費配賦基準の数を増やすことによって，正確に原価を算定するように動き始めている。単一の製造間接費配賦基準を継続的に使用すべきでない。原価配賦は，費消される活動と原価の原因と結果の関係に基づいて行われるべきである。

ここで，管理会計についての意識を変える必要がある。生産体系の進歩と一連の新しい挑戦の導入のために，変化する以外に選択の余地はない。反復的で柔軟な製造，ジャスト・イン・タイム，工場内工場，段取削減が進展しているのに原価管理は旧態依然のままである。なぜこのようになったのか。経営上のニーズと会計実践との間の亀裂が拡大していった理由は5つある。

- 不十分な知識
- 実用性の問題
- 外部要素
- 保守的な偏見
- 製造の複雑化

本書の狙いは，原価管理に関する議論にみられるこれらの欠点を1つ1つ探求することである。H. Thomas Johnson, Robert S. Kaplan の著書『適合性の喪失；管理会計の盛衰』で示されているように，会計システムが今日のグローバル市場での変革を引き起こす経営上のニーズと一致していないのである。外部報告用の企業収益の測定に時間をかけるよりも，生産ライン管理により多くの時間を割くべきである。

会計は業績測定基準を提供するのに失敗している

会計の最大の欠点は内部活動の業績測定に注目する代わりに外部報告用の業績測定に焦点を当てている点である。

重箱の隅をつつくような会計の役割に関して共通する不満は，おそらく以下の形をとった疑問として表されよう。

> 会計報告は製造結果とどのような関連性を有しているのだろうか

今日の企業での悲観的な見方では，この問いかけに対して何も説明できないことになる。会計報告と製造結果の重要な2要素が共存しない場合，一体われわれはビジネスをどのように行うことができるのか。この解答は，大抵の人が利益を上げてビジネスを行っていないことであり，結果的にグローバル競争において劣位にたたされる。財務諸表作成の要請を満足する基準の開発から離れ

て，改善に使用する情報を経営者や労働者に供給する基準を開発する方向に重心を移すまで，試行錯誤が続くだろう。実際，求めるものと得られるものとのギャップが大きいため，会計から得られる業績尺度が無視されることになる。言うまでもないが，双方ともまともな状況ではない。

今日，財務会計数値に力点が置かれているために，入手できる要約された会計数値は改善を反映せず，コスト・ドライバーや無駄を識別できない。例えば部門別の仕損費報告書（訳者注②）は，仕損が発生する特定の領域を明らかにできない。むしろ無駄を削減する具体的な提案をせずに仕損費の削減を命令することが，経営者の反応である。ここでは，誰も間違っていない。コストを割り当てる今のシステムでは，仕損費の水準がこうも高い理由を説明出来ない。一方で総原価システムの第一の目的は，仕損費の源泉を識別して，根本から解決することであるのは既に述べたとおりである。

実際，総原価システムは仕損費の原因となる活動を測定し，それらを取り除くことを目的にし，「どんぶり勘定」となっている製造間接費にほうりこむことを考えていない。改善の必要のある操業者，機械，部品，納入業者を識別する報告書を作成する必要があり，この結果として解決に集中することが出来る。

スピードが求められる環境での原価システムの挑戦は，以下のビジネスの目的に合致するような業績尺度を提供することである。

敏速な製造環境下でのビジネス目的

・在庫低減

・製品原価の低減

・小ロット化

・品質改善

・リードタイム（訳者注③）の削減

・生産性の向上

・顧客満足の改善

コスト・ドライバーを識別することで，我々は上記の目的を達成できる。このコスト・ドライバーの中には，明白なものもある一方，他のものは隠れて総製品原価に影響を与える。コスト・ドライバーが識別されると，次に無駄の源泉となる要因を管理し監視する必要がある。経営者は経営目的に基礎を置き，伝統的な測定尺度や報告とは異なる業績尺度を見出さなければならない。企業内の組織構造や生産活動を統合し，隠れた原価要素を全社で捜し出すインセンティブを高めるための業績尺度を調査し開発する必要がある。

隠れた原価要素のために製造の優位性が損なわれる

　これまでに指摘してきたように，伝統的原価システムは，材料費や労務費の把握に精力を注いできた。他の全てのコストは製造間接費と認識された。同時に経営者は製造間接費を所与のものと認め，製造間接費には改善の余地は大きくないと考えるに至った。伝統的な考え方では，それはビジネスを行うのに必要なコストであった。従って経営上の焦点は，材料費や労務費の改善に向けられた。この考え方には誤りが2つある。

　第一に，伝統的原価システムでは，真のコストを把握するには製造原価要素が不足している。第二に，これはコストの3要素（労務費，材料費，経費）に依存しているため真の改善機会を隠している。このような状況を打破するには，現状の原価報告システムを再構築すべきである。これによって多くの原価要素を監視・管理し，適正な製品水準にまで遡って，原価要素を識別できる。この結果，製造プロセスを除く領域で多くの機能別活動の原価にアプローチできる。

　今，必要とされるシステムは，各製品に関連し，販売，エンジニアリング，財務，調達活動を報告するものである。

　加えて直接費及び製造間接費について言及する必要がある。この論点こそ，隠れた原価要素を明白にするポイントである。周知のとおり，コストは生産された特定の対象に，直接または間接に関連づけられる。コストはそれ自体が直接費か間接費かではなく，生産された特定の対象にどのように関連づけられる

かで決められる。直接費は製品に明確に跡付けできるので，直接費の管理は比較的容易であると考えられている。一方，製造間接費は製造原価の一部であり，これは予定配賦率によって製造間接費勘定から配賦されると通常は認識されている。このため製造間接費は管理しにくいものになる。

将来への挑戦は，より直接的に製造原価を製品に関連づけさせることである。仮にこれが可能でない場合，このような活動を完全に削減できるか自問すべきである。隠れたコストを明確にする目的は，正確な実像を描くことである。この正確性の精度によって無駄を削減し，品質コスト，配送コストを改善でき，スピードに対応した製造業者になることができる。このような尺度を採用して初めて，我々が達成できる総合原価分析は意思決定上必要なデータを経営者に供給するのである。

経営意思決定を支援する有効なデータの欠如

経済状況，グローバル競争，低マージンによってビジネス意思決定が重要である今日，有効なデータの必要性は爆発的に増加している。

ここに挙げるのは，日常直面しなければならない重要な意思決定項目の一部である。

- ・自製　対　購入
- ・委託先
- ・価格設定
- ・資本投資
- ・製品ミックス
- ・在庫水準
- ・ロットサイズ
- ・製品廃棄

①段取削除
②ゼロ・ベース・マネジメント
③ジャスト・イン・タイム
④統計的工程管理
⑤設計機能管理
⑥納入業者認定
⑦品質・機能・納期
⑧総コスト
⑨トータル・サイクル・タイム
⑩カンバン

上記意思決定項目の適切な分析は正確な業績データと原価データがあって初めて成立する。

　残念ながらアメリカ企業における意思決定はミスリーディングや不適切なデータに基づいている場合があった。結果として，我々が下した間違った意思決定により，利益の喪失，マーケットシェアの低下どころか事業の撤退に追い込まれた。例えば，労働生産性を測定するリポートに依存している時には，製品品質という重要なポイントを見過ごすことがある。購入価格差異は，標準価格との差異に焦点をあてるものだが，これにより納入業者とのパートナーシップの創出に集中することができなくなってしまう。

　一般的に言えば，標準原価計算システムは標準に対する業績を反映するが標準から乖離したデータに焦点を据えるあまり，業績悪化の原因となる事実の探求から注意がそれてしまう。

　経営意思決定を支援するために有効なデータの欠如は，直面する製造課題の核であると信じられている。企業は必要以上に資材を購入する。また，求められる以上に製造し，必要以上の資金を借り入れる。企業は改善プロセスに投資する代りにスペース，材料，人員に投資する。これこそ，我々のメッセージの重要な要点である。製品原価への伝統的なアプローチによって，1企業どころか経済までも脆弱化させる製造上の問題を隠すような決定がもたらされている。継続的改善を推進しないシステムや考え方に資金を費やすことは今すぐに止めるべきである。

　適切な原価報告書が与えられると，経営者が焦点を当てるべき投資対象は非付加価値活動の削減もしくは削除であり，規模または官僚的複雑性を増加させることではない。現に組織は肥大化し，在庫は膨み，無駄が蔓延している。遅かれ早かれ，自らの体重で，不健康な状況にあると気が付くことになる。頻繁にパニックに陥り，在庫，支出，人員を急激にカットする。本書で提案するのは，パニックに陥ることをやめることである。新しい測定尺度は破滅的な削減を勧めない。むしろ，これが提案するのは「医者」を見出すことである。そしてこの医者が目的に合う最も効果的なダイエットの方法を示してくれる。求め

る原価計算システムによって無駄を削減し，魅力的な財務状況を維持し，伝統的な原価データ以上のものを産み出せる。

業績報告の中に非財務データが欠如している

　世界中の原価システムは財務数値に注目し，支出額，収入額に直接関連している。この財務数値が一般に認められ監査されるものの，継続的な改善プロセスを制約している。伝統的システムが失敗する理由の一つが，非財務的コスト尺度，即ち実際に行われた活動の背後にある原因や影響を明示するコストをこのシステムが報告し管理できないことにある。例えば製品を構成する労務費，原材料費，製造間接費に注目するが，以下のような無駄な活動に企業がどの程度コストを費やすかについては自問しない。

```
                何にコストを費やすのか？
・顧客からの苦情？
・資材搬入？
・配送ミス？
・変更オーダーの処理？
・取引入力のため？
・タイムカード処理を完成させるため？
・売上注文を処理するため？
```

　上記の活動は，一般的には原価として認識されない。しかし，これらの活動の存在は無駄な活動に資金を費やす原因になる。この無駄な支出の影響として伝統的システムが金額を把握しないとしてもかなり高くつくことになる。実際伝統的原価システムは無駄な活動のコスト把握をし損ねている。
　新しい製造原価計算システムは，このような非財務的コスト・データを識別することから始めねばならない。非財務的コスト・データは無駄を表示し，そ

の企業の他のセクションで可能な限り無駄を削除するか，削減するのに役立つ。上記の問題や関連するコストに単に注意を払うことだけで，企業が必要とする改善のためのモチベーションに十分貢献することがわかった。非財務的コストは大抵高く，従って節約の大きな機会を提供する。例えば，我々のコンサルタント先の企業では，顧客の苦情処理コストは850ドルになるが新しい製品への取り替え費用は含まれていない。この分析を行う際，この企業が把握していた苦情数はこの月に処理されたものであり，苦情に伴う総コストを把握することを目的としている。ここに算出結果を挙げておく。

```
苦情数×苦情処理コスト＝顧客の総コスト
 7 ×$850＝$5,950
```

この分析が企業に示すのは，非財務活動に関連した金額は十分に跡付け可能であるということである。この企業が報告したのは，ある一定期間の苦情であり，非財務データとして使用する平均額を算出したことである。

勿論，次のステップは，苦情数とこの苦情に対応するためのコストを削減することである。

要 約

製造原価計算システムは変わるべきである。企業は自動化とグローバル競争時代における一連の挑戦に直面している。伝統的システムは改善のために知る必要のあるコストもベールで覆い隠してしまう。我々の責務は，事務所から外に出て事業の第一線に入ることである。理解すべきは，自社がどのように製品を製造するかであり，これは活動を監視し管理するという任務から始めることができる。**生産ラインにこのように注意を払うことが，外部報告用の利益増大を必然的にもたらすのである。**

訳者注①　コスト・ドライバー
　活動基準原価計算（ABC）で資源を　活動や製品等の原価対象に割り当てる際の基準であり、原価発生額を変化させる要因である。原価作用因とも呼ばれる。

訳者注②　仕損費報告書
　製造過程で完成品になれなかった物を仕損品と呼び、仕損品となるまでの原材料費、労務費、経費の内訳が仕損費（原価）報告書である。

訳者注③　リードタイム
　一定の在庫管理方式に従って、ある量の発注を行ってから物品が納入され、検査が完了し、出庫できるまでの時間間隔を言い、調達期間、納入期間とも呼ぶ。

第 2 章

必要とする変化を認識する

馬車馬は周囲の状況に惑わされないように，遮眼帯を着けられる。この結果たとえ自分の周りに何が起きようとこの馬は1つの方向だけ見ていれば良い。

　企業が遮眼帯を着けるのをやめるのは，まさにその理由に基づく。遮眼帯を着けている企業は，自分たちを取り巻いている市場で何が起こっているか分からない。また現実に，その企業自身に何が起こっているかさえ分からない。企業はもし幸運であれば，馬車馬のように同じ道に沿ってゆっくり歩く。もし運が悪ければ，遮眼帯を着けた企業は倒産するだけである。現在の多くの企業の原価構造は一対の遮眼帯のようである。これによって着手すべき変化を認識できず，また戦略目標の達成に役立たない情報が供給される。原価は我々が製造する製品の業績に直接跡づけできることは決してないか，あってもまれである。特定の製品の総原価を知らずに，どのように原価削減を指示できようか？　収集した原価情報の結果が予想範囲内になかったり不正確な時，我々は改善努力の基礎となる情報をほとんど持っていないことになる。そのような環境では問題を根本から解決せずに，表面的に解決する。

　不正確な原価構造に基づき問題を表面的に解決するのは，企業が直面する主要な問題を無視することとなる。その直接的な結果は利潤や市場占有率の減少であるが，それは驚くにあたらない。なぜなら，企業活動での原価改善機会を明らかにできない場合，改善に失敗するからである。企業はどこから原価改善に着手すべきか。我々は経営戦略立案から始めるべきであると考える。そして品質改善，顧客満足，原価低減を実行し在庫回転率を増加させる必要があると口で言うだけでなくまさに実行することが重要である。このような全ての努力は良いものであるが，その意味することはただタバコの煙を吹き払うだけでないことを確認すべきである。変化が最も必要とされている領域を示す原価データと最近の業績を企業は基準化することも必要である。

　また最も重要なことは，品質問題，原価問題を実際に解決するため活動を新たに始め新企画を立案することである。改善は問題認識や解決を指向する論議から開始されるべきであり，**行動して初めて改善が進行する**。これを強調しすぎることはない。即ち，行動を始めるまで改善できないのである。さあ，自分

の座り心地の良いイスから離れて行動にとりかかろう。

組織目標を支援する尺度

　企業は組織目標に従って活動しているということはよく知られている事実である。もし目標が利益をもたらす事業のニーズに見合っていて，人々がこれらの目標達成に焦点を合わせれば，大部分の企業は成功するだろう。確かに各企業は組み合わせの異なる目標を持っているが，全ての企業は目標の測定方法を将来持つべきである。この測定方法は総コストを計算するために，各製品毎に直接原価を測定する能力を含むべきである。世界中のほとんどの企業は同一の目標を持っているが，中でもより重要な2つの目標は品質，顧客満足である。これらの目標をいかに測定できるかが問題である。

　品質—品質を測定するため，企業は割合だけでなく貨幣尺度に基づいて原価を表示するべきである。Mel Pilachowski は以下のようにまとめている。

> 品質割合の水準は不良度合いを反映する
> 品質金額はその理由を反映する

　更に品質金額は適合水準と不適合水準の両方で測定されるべきである。今日企業は適合水準の金額のみを主に集計し報告する。しかし，品質はこの原価計算のタイプに反映されるように，企業の1つか2つの領域の責任だけではない。従ってこのような企業が品質改善を試みても，失敗する場合が多い。その企業は改善目標の一部分にのみ労力を注ぎこんでしまい，適合水準の測定金額は全体額のごくわずかな部分だけを報告する。それ故に成果は良くても失望をもたらし，悪くすると失敗につながってしまう。

　総合品質管理（TQM）では企業の全社員が品質に責任があることを示している。製造部門だけでなくあらゆる組織に責任がある。適合原価と不適合原価は品質に対して機能毎に測定される。そこで次に何が測定されるべきかを以下

に示すフォームで参照していこう。

品質コストのフォーム

販売とマーケティング
品質原価の範疇－要素

適合原価（訳者注④）	1回当り発生原価	発生回数	原価計
1. 手続	_____	_____	_____
2. 訓練	_____	_____	_____
3. フォーム設計	_____	_____	_____
4. 販売支援材料	_____	_____	_____
5. 設計仕様	_____	_____	_____
6. 製品保証	_____	_____	_____
7. コンピューター・データ	_____	_____	_____
8. 市場予測	_____	_____	_____
9. 法定製品安全検査	_____	_____	_____
10. 利用者市場調査	_____	_____	_____
11. 販売支援予測	_____	_____	_____
12. 顧客調査	_____	_____	_____
13. 売上金額	_____	_____	_____
14. 地域別広告別サービス原価	_____	_____	_____
15. 目玉商品	_____	_____	_____
16. 事業開始，実地テスト	_____	_____	_____
17. 試験，実地テスト	_____	_____	_____
18. 報奨金プログラム	_____	_____	_____
19. 市場調査	_____	_____	_____
		小　計	_____

第2章　必要とする変化を認識する　33

不適合原価（訳者注⑤）	1回当り発生原価	発生回数	原価計
1．再実行－経営管理－の労務費	_____	_____	_____
2．注文入力のエラー	_____	_____	_____
3．売上債権回収	_____	_____	_____
4．特別指示	_____	_____	_____
5．過度の現場サービス	_____	_____	_____
6．保証	_____	_____	_____
7．印刷物の再版	_____	_____	_____
8．偶発債務	_____	_____	_____
9．単位生産性	_____	_____	_____
10．訓練と教育	_____	_____	_____
11．不良製品回収	_____	_____	_____
12．市場占有率の喪失	_____	_____	_____
		小　計	_____

エンジニアリング

品質原価の範疇－要素

適合原価	1回当り発生原価	発生回数	原価計
1．設計仕様の見直し	_____	_____	_____
2．製品信頼性，評価，特徴	_____	_____	_____
3．設計図チェック	_____	_____	_____
4．納入業者評価	_____	_____	_____
5．予防保全	_____	_____	_____
6．工程能力研究	_____	_____	_____
7．特別試験備品の製作	_____	_____	_____
8．労務作業標準の検証	_____	_____	_____
9．試験仕様の見直し	_____	_____	_____
10．失敗の効果／形態分析	_____	_____	_____

11. 試験的なプロセス運転 _____ _____ _____
12. 包装品質 _____ _____ _____
13. 顧客との接点 _____ _____ _____
14. 安全検査／操縦者安全性 _____ _____ _____
15. 技術マニュアル _____ _____ _____
16. 生産前検査 _____ _____ _____
17. 欠陥品防止計画 _____ _____ _____
18. スケジュール検査 _____ _____ _____
19. 工程検査 _____ _____ _____
20. 製品仕様書の早期承認 _____ _____ _____
21. コンピューター支援設計(CAD) _____ _____ _____
22. 最初の製品評価 _____ _____ _____
23. 代理店評価 _____ _____ _____
24. 納入業者資格認定 _____ _____ _____
25. 特別試験備品の設計見直し _____ _____ _____
26. 研修 _____ _____ _____
27. 原型の検査，試験 _____ _____ _____
28. 検査 _____ _____ _____
29. 受取サンプルの検査 _____ _____ _____
30. 製造中のサンプル抜取検査 _____ _____ _____
31. 最終サンプル検査 _____ _____ _____
32. 実験室での分析と検査 _____ _____ _____
33. 欠陥品挿入検査 _____ _____ _____
34. 技術監査 _____ _____ _____
35. 特別検査の訓練 _____ _____ _____
36. 人事評価 _____ _____ _____

小　計 _____

不適合原価	1回当り発生原価	発生回数	原 価 計
1．保証費用			
2．技術者の移動と問題解決の時間			
3．技術変更通知			
4．再設計			
5．割増運送原価			
6．材料検査活動			
7．故障分析（評価返送）			
8．修正活動			
9．故障研究			
10．返品製品の分析			
11．製品保険（設計関連）			
		小　　計	

生 産 管 理 工 学

品質原価の範疇－要素

適 合 原 価	1回当り発生原価	発生回数	原 価 計
1．操縦者訓練			
2．設計検査			
3．在庫管理			
4．職務記述			
5．方法記述			
6．試験備品記述確認			
7．使用材料			
8．ラインの再編成			
9．工程確認			
10．製品管理カードシステム			
11．材料使用量確認			

　　　　　　　　　　　　　　　　　　　　　　　　　小　　計　_____

　　不適合原価　　　　　　1回当り発生原価　発生回数　原　価　計
1．工具修繕　　　　　　　　_____　_____　_____
2．工具調整　　　　　　　　_____　_____　_____
3．修正活動の原価　　　　　_____　_____　_____
4．技術変更通知　　　　　　_____　_____　_____
5．購入品変更通知　　　　　_____　_____　_____
6．回転率　　　　　　　　　_____　_____　_____
7．陳腐化した職務記述　　　_____　_____　_____
　　　　　　　　　　　　　　　　　　　　　　　　　小　　計　_____

調達，取得
品質コストの範疇－要素

　　適　合　原　価　　　　　1回当り発生原価　発生回数　原　価　計
1．納入業者の見直し，認定　　　_____　_____　_____
2．納入業者へ適切な仕様書を送付
　　－必要なものを明瞭化　　　　_____　_____　_____
3．定期セミナー　　　　　　　　_____　_____　_____
4．予測－入手困難な材料の維持コスト　_____　_____　_____
5．多数納入業者からの原材料コスト　　_____　_____　_____
6．蓄積費用の計算　　　　　　　_____　_____　_____
7．納入業者で使われる設備の評価　　　_____　_____　_____
8．納入業者が導入する
　　品質管理活動の見直し　　　　_____　_____　_____
9．納入業者再評価　　　　　　　_____　_____　_____
10．受入検査コスト　　　　　　　_____　_____　_____
11．納入業者のランク付けに関連する

情報システム・コスト _____ _____
　　　　　　　　　　　　　　　　小　　計　_____

不適合原価　　　　　1回当り発生原価　発生回数　原価計
1. 作業屑　　　　　　　　　_____　　_____　_____
2. 分類　　　　　　　　　　_____　　_____　_____
3. 不合格による再検査　　　_____　　_____　_____
4. 再作業　　　　　　　　　_____　　_____　_____
5. 納入業者からの配送が期日通りに
   届かなかったため生じる超過在庫　_____　_____　_____
6. 納入業者の過失による発生損失　_____　_____　_____
7. 修正活動原価　　　　　　_____　　_____　_____
8. 納入業者への返品発送費用　_____　_____　_____
9. 購入注文の書き直し　　　_____　　_____　_____
10. エラーによる購入注文変更　_____　_____　_____
11. 割増運賃　　　　　　　　_____　　_____　_____
12. 問題解決のための納入業者への出張　_____　_____　_____
13. 期日通りの配送保証のための催促の
    原価　　　　　　　　　　_____　　_____　_____
　　　　　　　　　　　　　　　　小　　計　_____

工　場　管　理
品質コストの範疇－要素

適　合　原　価　　　　1回当り発生原価　発生回数　原　価　計
1. コンサルタント　　　　　_____　　_____　_____
2. 予防保全計画　　　　　　_____　　_____　_____
3. 工場モデル　　　　　　　_____　　_____　_____
4. 調整／安全在庫　　　　　_____　　_____　_____

5．環境管理 _____ _____ _____
6．作業訓練 _____ _____ _____
7．労働生産性の見直し _____ _____ _____
8．安全 _____ _____ _____
9．監査 _____ _____ _____
10．機械保守－予防保全 _____ _____ _____
11．機械保守－訓練 _____ _____ _____
12．定期的機械取替 _____ _____ _____
13．設備減価償却見直し _____ _____ _____
14．設備減価償却再評価 _____ _____ _____
15．設備計画－監査 _____ _____ _____
16．設備検査，試験 _____ _____ _____
17．労働生産性のデータ _____ _____ _____
18．標準チェックのための試験操業 _____ _____ _____
19．作業監督 _____ _____ _____
20．タイムカード管理テスト _____ _____ _____
21．タイムカード監査 _____ _____ _____
22．機械保守テスト _____ _____ _____
23．機械保守検査 _____ _____ _____
24．償却資産在庫 _____ _____ _____
25．償却資産監査 _____ _____ _____
26．償却資産追跡 _____ _____ _____

小　計 _____

不適合原価	1回当り発生原価	発生回数	原価計
1．設備計画再設計	_____	_____	_____
2．設備取替	_____	_____	_____
3．スケジュールの失敗	_____	_____	_____

4．不適当な労働者数　　　＿＿＿＿　＿＿＿＿　＿＿＿＿
5．失敗の増加　　　　　　＿＿＿＿　＿＿＿＿　＿＿＿＿
6．不適当な時間数　　　　＿＿＿＿　＿＿＿＿　＿＿＿＿
7．機械による作業屑　　　＿＿＿＿　＿＿＿＿　＿＿＿＿
8．機械による再作業　　　＿＿＿＿　＿＿＿＿　＿＿＿＿
9．機械故障時間　　　　　＿＿＿＿　＿＿＿＿　＿＿＿＿
10．製品保険　　　　　　　＿＿＿＿　＿＿＿＿　＿＿＿＿
11．設備減価償却－陳腐化　＿＿＿＿　＿＿＿＿　＿＿＿＿
12．設備減価償却－早期　　＿＿＿＿　＿＿＿＿　＿＿＿＿
　　　　　　　　　　　　　　　　小　　計　＿＿＿＿

品　質　管　理

品質コストの範疇－要素

　　適　合　原　価　　　　1回当り発生原価　発生回数　原　価　計
1．品質訓練　　　　　　　　＿＿＿＿　＿＿＿＿　＿＿＿＿
2．試験計画　　　　　　　　＿＿＿＿　＿＿＿＿　＿＿＿＿
3．検査計画　　　　　　　　＿＿＿＿　＿＿＿＿　＿＿＿＿
4．監査計画　　　　　　　　＿＿＿＿　＿＿＿＿　＿＿＿＿
5．製品設計見直し　　　　　＿＿＿＿　＿＿＿＿　＿＿＿＿
6．納入業者認定　　　　　　＿＿＿＿　＿＿＿＿　＿＿＿＿
7．生産容易性／品質分析の見直し　＿＿＿＿　＿＿＿＿　＿＿＿＿
8．工程能力研究　　　　　　＿＿＿＿　＿＿＿＿　＿＿＿＿
9．機械性能研究　　　　　　＿＿＿＿　＿＿＿＿　＿＿＿＿
10．品質装置の測定　　　　　＿＿＿＿　＿＿＿＿　＿＿＿＿
11．操縦者認定　　　　　　　＿＿＿＿　＿＿＿＿　＿＿＿＿
12．受入検査　　　　　　　　＿＿＿＿　＿＿＿＿　＿＿＿＿
13．工程中の検査　　　　　　＿＿＿＿　＿＿＿＿　＿＿＿＿

14. 最終的製品検査 　　　　　　　　　　
15. 製品テスト 　　　　　　　　　　
16. 製品監査 　　　　　　　　　　
17. 試験設備 　　　　　　　　　　
18. 計器，備品の検査 　　　　　　　　　　
19. 原型検査 　　　　　　　　　　
20. 品質システム監査 　　　　　　　　　　
21. 顧客／代理店監査 　　　　　　　　　　
22. 研究室外での評価 　　　　　　　　　　
23. 耐用年数試験 　　　　　　　　　　
24. 製品監査 　　　　　　　　　　

　　　　　　　　　　　　　　　　小　　計　　　　

不適合原価	1回当り発生原価	発生回数	原 価 計
1. 作業屑分析			
2. 再作業分析			
3. 保証原価分析			
4. 特許分析			
5. 工場返品分析			
6. 材料検査委員会の活動			

　　　　　　　　　　　　　　　　小　　計　　　　

製　　造
品質コストの範疇－要素

適 合 原 価	1回当り発生原価	発生回数	原 価 計
1. 訓練：監督者，毎時間			
2. 特別検査			
3. 工具／設備調整			

4．予防保守 　　　　　　　　　＿＿＿＿　＿＿＿＿　＿＿＿＿
5．ゼロ欠陥品計画 　　　　　　＿＿＿＿　＿＿＿＿　＿＿＿＿
6．不適切な仕様書，設計図の確認　＿＿＿＿　＿＿＿＿　＿＿＿＿
7．雑用 　　　　　　　　　　　＿＿＿＿　＿＿＿＿　＿＿＿＿
8．時間外管理 　　　　　　　　＿＿＿＿　＿＿＿＿　＿＿＿＿
9．作業員の管理 　　　　　　　＿＿＿＿　＿＿＿＿　＿＿＿＿
10．動向の作図 　　　　　　　　＿＿＿＿　＿＿＿＿　＿＿＿＿
11．顧客の検査 　　　　　　　　＿＿＿＿　＿＿＿＿　＿＿＿＿
12．最初にラインアウトした製品の検査　＿＿＿＿　＿＿＿＿　＿＿＿＿
13．在庫監査 　　　　　　　　　＿＿＿＿　＿＿＿＿　＿＿＿＿
14．認定 　　　　　　　　　　　＿＿＿＿　＿＿＿＿　＿＿＿＿
　　　　　　　　　　　　　　　　　　　　小　　計　＿＿＿＿

　　不適合原価　　　　　　1回当り発生原価　発生回数　原 価 計
1．再作業 　　　　　　　　　　＿＿＿＿　＿＿＿＿　＿＿＿＿
2．作業屑 　　　　　　　　　　＿＿＿＿　＿＿＿＿　＿＿＿＿
3．修繕，返品費用 　　　　　　＿＿＿＿　＿＿＿＿　＿＿＿＿
4．陳腐化 　　　　　　　　　　＿＿＿＿　＿＿＿＿　＿＿＿＿
5．設備／施設損害 　　　　　　＿＿＿＿　＿＿＿＿　＿＿＿＿
6．設備の修繕材料 　　　　　　＿＿＿＿　＿＿＿＿　＿＿＿＿
7．欠勤の費用 　　　　　　　　＿＿＿＿　＿＿＿＿　＿＿＿＿
8．製造活動の失敗要因の監督 　＿＿＿＿　＿＿＿＿　＿＿＿＿
9．訓練費用 　　　　　　　　　＿＿＿＿　＿＿＿＿　＿＿＿＿
10．事故による休止時間 　　　　＿＿＿＿　＿＿＿＿　＿＿＿＿
11．製品保険 　　　　　　　　　＿＿＿＿　＿＿＿＿　＿＿＿＿
　　　　　　　　　　　　　　　　　　　　小　　計　＿＿＿＿

管理部
品質コストの範疇－要素

適合原価	1回当り発生原価	発生回数	原価計
1. 業績予測	_____	_____	_____
2. 訓練／手続	_____	_____	_____
3. 損益計算書，貸借対照表の帳簿検査	_____	_____	_____
4. 予算編成	_____	_____	_____
5. 長期計画	_____	_____	_____
6. 職務記述	_____	_____	_____
7. 品質原価予算	_____	_____	_____
8. タイムカード検査	_____	_____	_____
9. 資本的支出の見直し	_____	_____	_____
10. 総費用の見直し／権限の委任	_____	_____	_____
11. 注文入力の検査	_____	_____	_____
12. 製品原価標準	_____	_____	_____
13. 原価削減	_____	_____	_____
14. 品質原価見直し	_____	_____	_____
15. 情報処理報告／最終報告検査	_____	_____	_____
16. 帳簿検査	_____	_____	_____
17. 送状検査	_____	_____	_____
小　計			_____

不適合原価	1回当り発生原価	発生回数	原価計
1. 請求書のエラー	_____	_____	_____
2. 管理不能の送状	_____	_____	_____
3. 納入業者支払に対する不適切な買掛債務	_____	_____	_____
4. 不正確な帳簿記入	_____	_____	_____

5．不良負債回転率，売掛債権の長期化　　_____　_____　_____
6．賃金支払エラー　　　　　　　　　　　　　_____　_____　_____
　　　　　　　　　　　　　　　　　　　　　　　　　小　　計　_____

ソフトウェア
品質コストの範疇－要素

　　適　合　原　価　　　　　1回当り発生原価　発生回数　原　価　計
1．ソフトウェア計画　　　　　　　　　　　　_____　_____　_____
2．ソフトウェア信頼性
　　計画／予測　　　　　　　　　　　　　　_____　_____　_____
3．システムアナリストの質問活動　　　　　_____　_____　_____
4．仕様書検査　　　　　　　　　　　　　　_____　_____　_____
5．学習と理解
　　顧客要請／ビジネス要請　　　　　　　　_____　_____　_____
6．システム仕様書の準備と見直し　　　　　_____　_____　_____
7．フローチャート検査　　　　　　　　　　_____　_____　_____
8．相互関係分析　　　　　　　　　　　　　_____　_____　_____
9．キーパンチャー訓練　　　　　　　　　　_____　_____　_____
10．テープの複製，検証　　　　　　　　　　_____　_____　_____
11．プログラム試験　　　　　　　　　　　　_____　_____　_____
12．機能テスト　　　　　　　　　　　　　　_____　_____　_____
13．性能テスト　　　　　　　　　　　　　　_____　_____　_____
14．コード検証　　　　　　　　　　　　　　_____　_____　_____
15．ソフトウェアの減価償却（旧式）　　　　_____　_____　_____
16．システムテスト　　　　　　　　　　　　_____　_____　_____
17．検査プログラム　　　　　　　　　　　　_____　_____　_____
　　　　　　　　　　　　　　　　　　　　　　　　　小　　計　_____

不適合原価	1回当り発生原価	発生回数	原 価 計
1．システムエラーの経過記録			
2．再評価のために顧客まで追跡			
3．顧客の変更要請			
4．再コード化，プログラムの修正，再試験			
5．書類変更			
		小　　計	

人　的　資　産

品質コストの範疇－要素

適 合 原 価	1回当り発生原価	発生回数	原 価 計
1．応募者の事前選別			
2．面接調査			
3．個人テスト（身体検査）			
4．履歴検査			
5．安全性の確認（必要な場合）			
6．適応指導			
7．訓練			
8．職務記述，作業計画			
9．安全計画			
10．品質改善計画			
11．退職面接検査			
12．業績評価			
13．出勤経過			
14．生産性			
15．個人記録監査			
16．傷病経過			
		小　　計	

不適合原価　　　　　1回当り発生原価　発生回数　原価計
1．退職者比率　　　　　　　_____　_____　_____
2．従業員の不満調査　　　　_____　_____　_____
3．非定期的な職位の充当　　_____　_____　_____
4．傷病費用　　　　　　　　_____　_____　_____
　　　　　　　　　　　　　　　　　　　　小　　計　_____

情報システム
品質コストの範疇－要素

　　　適　合　原　価　　　1回当り発生原価　発生回数　原価計
1．職務記述（文書）　　　　_____　_____　_____
2．雇用と試験　　　　　　　_____　_____　_____
3．訓練　　　　　　　　　　_____　_____　_____
4．プログラム文書と試験　　_____　_____　_____
5．費用便益分析　　　　　　_____　_____　_____
6．プロジェクトのリスク分析　_____　_____　_____
7．利用者と情報システム間の
　　利用者要求に関する適切な意思伝達
8．入力データの検証　　　　_____　_____　_____
9．試験技術　　　　　　　　_____　_____　_____
10．予備試験　　　　　　　　_____　_____　_____
11．平行運用　　　　　　　　_____　_____　_____
12．導入後監査　　　　　　　_____　_____　_____
　　　　　　　　　　　　　　　　　　　　小　　計　_____

　　　不適合原価　　　　　1回当り発生原価　発生回数　原価計
1．利用者の要求に不適合なシステム

－再実行
2．修正メンテナンス
3．再実行
4．入力サイクルの編集と更新
5．コンピューター故障
6．スケジュールの失敗

　　　　　　　　　　　　　　　　　　小　　計 ____

法　務　部
品質コストの範疇－要素

　　適 合 原 価　　　　　　1回当り発生原価　発生回数　原 価 計
1．法律図書のメンテナンス
2．製品損害保険の予防セミナー
3．ラベルのコピー評価
4．広告コピーの検査
5．安全プログラム監査
6．雇用機会均等プログラム監査
7．SEC基準への適合性の監査
8．契約検査
9．事務処理過失の照合監査
10．EPA基準への適合性の監査
11．連邦／州提出書類の見直し
　　（新製品，特許等）

　　　　　　　　　　　　　　　　　　小　　計 ____

　　不適合原価　　　　　　　1回当り発生原価　発生回数　原 価 計
1．製品責任問題（移動，訴訟，
　　会社外部，勤務時間）

第 2 章　必要とする変化を認識する

2．保証検査　　　　　　　　　　　_____　_____　_____
3．提出遅滞延滞金　　　　　　　　_____　_____　_____
4．製品苦情検査（内部及び規制機関）_____　_____　_____
5．不良製品回収　　　　　　　　　_____　_____　_____
6．特許侵害訴訟の防衛　　　　　　_____　_____　_____
7．苦情申立　　　　　　　　　　　_____　_____　_____
8．内部部門での再作業
　　（書き直し，再タイプ等）　　　_____　_____　_____
9．製品責任訴訟回避のセミナー　　_____　_____　_____
10．和解　　　　　　　　　　　　 _____　_____　_____
　　　　　　　　　　　　　　　　　　　　　小　　計　_____

品質コストの総計

　　　　　　　　　　　1回当り発生原価　発生回数　原　価　計

販売とマーケティング
　適 合 原 価　　　　　　　　　　_____　_____　_____
　不適合原価　　　　　　　　　　_____　_____　_____

エンジニアリング
　適 合 原 価　　　　　　　　　　_____　_____　_____
　不適合原価　　　　　　　　　　_____　_____　_____

生産管理工学
　適 合 原 価　　　　　　　　　　_____　_____　_____
　不適合原価　　　　　　　　　　_____　_____　_____

調達，取得
　適 合 原 価　　　　　　　　　　_____　_____　_____

不適合原価　　　　　　　　＿＿＿＿　＿＿＿＿　＿＿＿＿

<u>工場管理</u>
　　　適 合 原 価　　　　　　　＿＿＿＿　＿＿＿＿　＿＿＿＿
　　　不適合原価　　　　　　　　＿＿＿＿　＿＿＿＿　＿＿＿＿

<u>品質管理</u>
　　　適 合 原 価　　　　　　　＿＿＿＿　＿＿＿＿　＿＿＿＿
　　　不適合原価　　　　　　　　＿＿＿＿　＿＿＿＿　＿＿＿＿

<u>製造</u>
　　　適 合 原 価　　　　　　　＿＿＿＿　＿＿＿＿　＿＿＿＿
　　　不適合原価　　　　　　　　＿＿＿＿　＿＿＿＿　＿＿＿＿

<u>管理部</u>
　　　適 合 原 価　　　　　　　＿＿＿＿　＿＿＿＿　＿＿＿＿
　　　不適合原価　　　　　　　　＿＿＿＿　＿＿＿＿　＿＿＿＿

<u>ソフトウェア</u>
　　　適 合 原 価　　　　　　　＿＿＿＿　＿＿＿＿　＿＿＿＿
　　　不適合原価　　　　　　　　＿＿＿＿　＿＿＿＿　＿＿＿＿

<u>人的資産</u>
　　　適 合 原 価　　　　　　　＿＿＿＿　＿＿＿＿　＿＿＿＿
　　　不適合原価　　　　　　　　＿＿＿＿　＿＿＿＿　＿＿＿＿

<u>情報システム</u>
　　　適 合 原 価　　　　　　　＿＿＿＿　＿＿＿＿　＿＿＿＿

不適合原価　　　　　　　　　　　　　_____　_____　_____

法務部
　適 合 原 価　　　　　　　　　　　　_____　_____　_____
　不適合原価　　　　　　　　　　　　_____　_____　_____

品質コストの総計
　適 合 原 価　　　　　　　　　　　　_____　_____　_____
　不適合原価　　　　　　　　　　　　_____　_____　_____

顧客満足

　顧客満足を質的に測定するのは不可能であると一般に信じられている。その前提は，企業が事実よりもむしろ知覚を信じることにある。しかし顧客満足は測定可能であり，また〝ここちよさ〟という感覚のかわりに金額で測定が可能であると我々は信じている。このような方法で顧客満足の相対尺度を計ることができる。言い換えると我々は顧客が満足していないと確認できるコストに対して，満足を達成するために何にコストを費やすか確認する必要がある。我々の考えでは，**顧客満足のために何にコストを費やすか分からない企業は何のコストも費やしていないのである**。同時にその企業はたいてい顧客が満足していないコストを記録せずに放置している。

内部業務を管理する情報の提供

　日々の作業は，顧客満足という最終結果を生む計画活動に使われる情報に依存する。しかし，この情報の多くは日々の業務を統制するかわりに，管理面を支援する。内部作業計画では，明確な目標をどのように達成するかを測定し認識する情報の重要性が欠けている。最近の労務費や材料費の情報はどの程度標

準に近づいているかを測定するのに使われる。結果的には作業者は個人的に標準数値にだけ注意を払うべきだと感じている。

あいにく，こうした測定値は経営意思決定にほとんど役立たない情報に焦点を当て，現状を誤って認識する傾向がある。我々の提案を誤解してはならない。このような原価要素は重要だが，企業で発生する全ての原価ではない。業務は総時間，品質やこれらに関連するコストの項目で測定されるべきである。機動的な企業は顧客満足，組織満足を確保するためこれらの測定値を信頼する。

例えば，時間はサイクル・タイムとして測定されるべきである。サイクル・タイムとは部品の製造や役務提供完了までのサイクルにかかる時間である。それゆえ標準が適用され，実際にかかった時間は標準に対して測定される。このようにサイクル・タイムを測定するために，障害である遅延や停止を全て認識しなければならない。これらの障害は不適合原価として認識されるべきでありそれを減少し排除することによって，継続的改善プロセスを開始できるようにチャレンジされるべきである。

同時に業務は生産時間，非生産時間の双方に関連する金額の計算が可能なデータを収集すべきである。全業務の一部は結果として非生産時間と金額になるが，総原価で強調すべき点は従業員の業績評価に注目することではない。かわりに遅滞や休止の原因を発見すべきであり，工場の従業員を責めるべきではない。実際，作業者は改善努力に貢献することが期待されており，それによって移動時間や品質コストのドライバーが削減及び排除されるのに役立つ。

品質管理はまた別の内部作業であり，世界規模で企業が戦略計画上で注視している。しかし品質の良い部品を作るだけでは十分ではない。我々は品質成果を改善する機会を従業員に与え，作業レベルに注意を払うべきである。品質目標は作業に表示される報酬システムの一部である。作業者が不良品1個を生産する毎に良品が1つずつ減少して作られていると理解すべきだ。それゆえ品質成果は実行能力や弾力的な生産能力と同義である。

内部業務管理に関連する金額は，企業や作業者による全ての活動，仕事，意思決定毎に測定されるべきである。金額は全ての活動の業績全体にとって非常

に重要である。とりわけ金額は期待範囲内や一定水準以上の業績を実行する能力を反映している。この原価実績は経営管理の領域だけのことではない。それは作業者水準にまで拡張され，彼等の管理下で原価要素に影響が及ぶ。作業者に原価実績を知らせるかわりに，我々は能率測定値を重要視する。何年間か通して観察すると，作業者は効率がよく見える結果を作り出すことが可能である。だが，これこそが真実の原価改善を犠牲にしている。それは作業者の過ちではない。悪いい原価システムの過ちである。企業には作業者が改善を指向するシステムが必要である。我々は経営階層で収集され報告された最も効果的な原価情報を必要とする。我々は企業目標を支え，全体の作業者の意識を高め貢献できるようにするシステムを必要としている。

製造原価要素の認識を拡張する

　製造原価要素は伝統的には原材料費，労務費，経費を基礎に考えられてきた。原材料費や労務費は容易に製造原価要素と認識できるが，経費は他の全ての原価に対する〝どんぶり〟勘定として表される。本当に成功するには，原価システムは作業レベルで意味のある製造原価要素に諸経費の構成要素を細分しなければならない。〝意味のある〟というのがここではキーワードとなる。〝意味のある〟とは，原価要素が実際に実行され，改善機会を示す活動を表すことである。前出の例を使えば，製造間接費配賦基準に従って検査及び監視の原価を配賦するよりも，各製品毎に品質コストの金額を測定するべきである。もう一度言えば，その意図は機会という窓にかかるカーテンを開くことである。

　生産された製品やサービスの原価要素はまた，組織内の規則を確立するために企業毎に使用されなければならない。我々が子供だった頃，両親は子供達が犠牲を払うような行動を許さなかっただろう。我々はそれが好きではなかったかもしれないが，選択の余地がないまま，両親の介入をなしですませることを覚えた。何らかの意味で両親と同じタイプの活動が，企業によって行われなければならない。しかし，もし経営者達が論理的意思決定をするのに必要な情報

を持っていないとすれば，経営者や重役はいつ"NO"と言えばよいか分からない。その情報は製品やサービスの原価要素を測定することから得られる。

適合原価及び不適合原価のリストをこの章の中に示してきたように，製品原価要素は消極的かつ積極的方法で業績に影響を及ぼす要因を含むように拡大されるべきである。このようなやり方でのみ，我々の目を改善機会に向けるような原価要素を使うことができる。企業活動を見ると製造原価要素の決定やその管理の仕方が分かる。そこで次のケースを考えてほしい。

300番の作業活動は原動機の組立作業センターである。原材料は作業者が数え，検査し，部品を組み立てる作業場所に配送される。組立後その製品は再検査され，良品は次の作業センターに配送するため保管される。この検査に失格となった製品は部品レベルで却下され，その後組立レベルで再作業される。

この作業でどの原価要素が管理されるべきか？ 次のリストに示すように，この作業に影響する活動を単純に跡づけることができれば，この答えは論理的となる。

これらの原価要素を認識することで，作業者は原価要素を排除または削減する方法を見出すことができる。これらの原価を追跡する作業者は現実に原価要素が加算されるのを見て，最も原価に貢献している活動が何かが分かる。作業者が原価要素のこの認識過程を深く理解すればするほど，原価要素を削減し排除できる。

製 品 原 価

- 原材料払い出し
- 原材料減耗
- 総労務費
  ── 組立
  ── 検査
  ── 再作業
- 在庫費用
  ── 原材料取扱
    ── 作業場へ
    ── 作業場から
  ── 在庫維持費用
  ── 作業屑
  ── 構成部品
  ── 組立完成品
- 加工費用
  ── コンピューター費用（直接賦課）
  ── データ入力費用
  ── Jobの状況
  ── タイムカード
- サイクル・タイム
  ── 経営管理
  ── 予定表作成
  ── 計画
  ── 生産
  ── 物流

価値の付加と喪失を決定する原価要素の検討

　原価要素が認識されると，製品に価値を付加しない要素を削減する機会が提供される。このため付加価値か非付加価値に原価要素を区分しつつ，この改善機会に影響する原価報告を行う必要がある。我々の依頼人の何人かはこの方法で意味のある原価報告を行っている。J. I. Case 社の内部原価報告では，何に付加価値があり何に付加価値がないかを製品別に明確に示すように，トラクターの原価を細分化する方法が載っている。54－56頁の報告書に，非付加価値原価の削減や排除に重点をおく方法が示されている。

「世界クラス生産」（WCM）企業の作業における業績測定値

WCM会社の製造原価の形式

Ⅰ．材料費

	当期	前期	変化	予算	実際	有利／不利差異
納入業者購入						
工場間振替						
CDCエンジン						
貨物運賃						
交換						
下請						
陳腐化						
在庫修正						
現金割引／作業屑						
受取						
材料計	――	――	――	――	――	――

Ⅱ．加工費

	当期	前期	変化	予算	実際	有利／不利差異

A．付加価値
　　製造／時間
　　　　労務費／手当
　　給料賃金／手当
　　訓練費
　　前工程費
　　消耗品
　　　　付加価値計　___　___　___　___　___　_____

B．非付加価値
　　時間当労務費
　　　　段取時間
　　　　故障時間
　　　　原材料運搬
　　　　再作業
　　　　その他
　　　　手当
　　給料賃金／手当
　　作業屑
　　外部再作業
　　他の一般管理費
　　　　非付加価値計　___　___　___　___　___　_____

C．その他費用
　　燃料／電力
　　減価償却
　　税金
　　保険料

再配置費用
　　雑費
　　　その他費用計　＿＿＿　＿＿＿　＿＿＿　＿＿＿　＿＿＿　＿＿＿＿＿
　　　総製造原価　　＿＿＿　＿＿＿　＿＿＿　＿＿＿　＿＿＿　＿＿＿＿＿

原価を追跡可能にする

　原価が直接活動と結びついて初めて原価削減が行われる。組織を通じて活動の原価を追跡することは組織全員の責任である。真に効果的な原価削減は全ての組織が参加しなければならない。56頁の図は製造原価に関連する企業の種々の活動を示している。

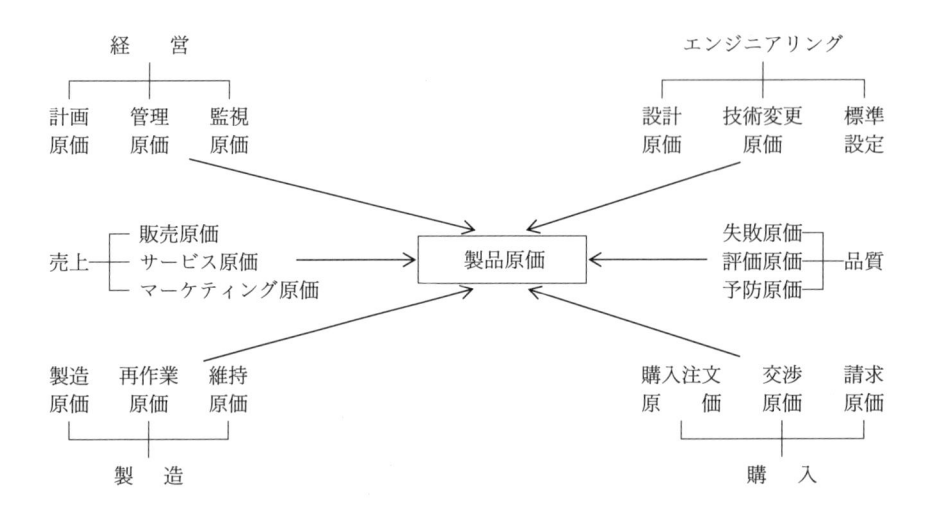

```
              経　　営                          エンジニアリング
         ┌─────┼─────┐              ┌─────┼─────┐
       計画   管理   監視            設計   技術変更   標準
       原価   原価   原価            原価   原価      設定

            ┌販売原価                        失敗原価┐
       売上 ├サービス原価      →  製品原価  ←評価原価├品質
            └マーケティング原価                予防原価┘

       製造   再作業  維持          購入注文  交渉   請求
       原価   原価    原価          原価      原価   原価
         └─────┼─────┘              └─────┼─────┘
              製　　造                          購　　入
```

　原価を活動に直接跡づける組織を創造するため，我々は原価システムを再定義する必要がある。このシステムにはより直接的な原価やより精緻な配賦が必要である。今まで活動会計に使用されなかった販売，エンジニアリング，品質，購買機能について，現在ではこれらの部門に属する活動原価がどの製造原価に

寄与しているのを認識すべきである。各機能に属している個人によるタイムカードの記入から始めることまでは必要としないが，日々の業務で遂行される課業（訳者注⑥）を認識するよう務めるべきである。その時最も重要なのは，原価をこれらの仕事に結びつけ，原価を実質的に最も低位の経営報告単位に直接割りつけることから始める必要がある。

　例として購入注文について作成されたものを見てみよう。次のリストが課業を確定する。

1．購入作成
2．購入分析
3．納入業者選定
4．交渉費用
5．購入システムへの入力
6．システムで購入注文作成
7．購入注文のコピーの印刷
8．完全性の検証
9．認可を得る（サイン）
10．購入注文のコピーを送付

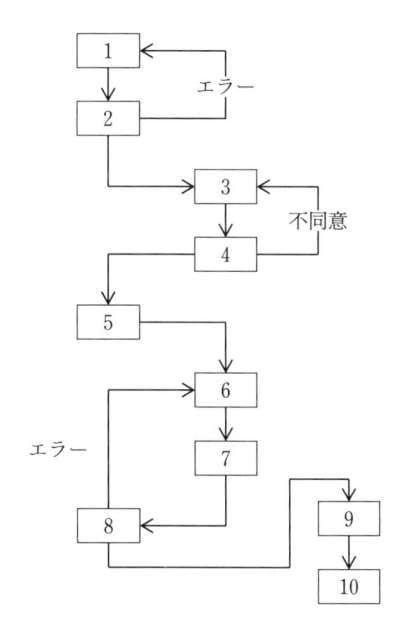

　これらの課業の全ては労務，事務処理，コンピューター処理，郵便業務に関係する原価費消活動を表す。これらの活動の原価情報を集めることにより，典型的な購入注文を準備する基準原価が分かる。一度これが確立すると，基準価格と一定製品を形成するために準備された購入注文数を掛けることにより総原価を計算することができる。この方法で製造原価を購入活動にまでさかのぼって追跡することができ，無駄な購入活動を削減，排除できる。この方法は完璧ではないかもしれないが，完全に作業原価を無視するよりもまともである。も

し適切に使われれば新しい方法は活動原価への注意を引き，その時収集された情報は課業を排除したり，原価削減の方法を発見する人と共有することができる。

原価削減戦略の導入

　原価削減戦略の導入にあたり，最初に考えるべきは真剣に努力することと手っ取り早く結果は得られないと理解することである。ある CEO が経費を10万ドル節約すると，その企業の1株当たり利益額が0.01ドル増加する結果となると最近噂した。次に労務費や原材料費の原価削減を重視する伝統的原価削減戦略では，現実に節約費用以上にコストが発生することが証明されたことを理解する必要がある。それは原価削減の真の機会が背景に隠れてしまうからである。

　原価責任と結びつく活動にまで原価を追跡した後，我々は削減する機会を決定するための原価をまず評価すべきである。その時点で，何がどのように作用するのかが分かるように，コスト削減のため着手すべきバランスのとれた目標や計画を作成できる。活動やそれに関連する原価の中には削減する必要がないものがあることを忘れてはいけない。それらは決してはじめから必要とされないので，有害な影響を派生させずに完全に排除されることがよくある。実際に我々が〝無駄〞と呼んでいる状況は削減戦略のリストの先頭にあるべきである。他の活動は結果や品質を損なわずに望ましい節約額を達成する原価削減計画の工夫等の配慮を必要とする。

　我々が取り上げるどの計画でも利益を食いつぶす原価要素を減少させるように作業者は務めるべきである。チームワークだけでなく適切な従業員参加も必要である。責任区分毎に原価結果を正確にとらえ，配賦し，分類し，通知するシステムを作り上げることにより，勇気をもって挑戦する環境を創出できる。この全員参加計画の一部は，原価削減の改善予想目標の設定にも関連する。これらの目標は現実的で達成可能であるべきである。もしその目標が現実的でないと感じれば，改善を求める努力はほとんど見られないだろう。

訳者注④　適合原価
　品質コスト分類の一つで、品質コストは適合原価と不適合原価に分類される。適合原価は、適性品質の製品生産に必要な原価である。

訳者注⑤　不適合原価
　生産者の責任に帰する品質問題のため、生産者が負担するコストが不適合原価であり、仕損費や再作業費等の原価がこれに相当する。

訳者注⑥　課業
　テーラーの科学的管理法によれば、動作・時間研究によって作業を標準化し、この標準化された作業を課業と呼ぶ。

第 3 章

総コストの構成要素を識別する

伝統的原価システムを用いて企業を経営することは，喩えれば暗闇の中で窓ガラスが全て曇ったまま自動車を運転するようなものである。この場合，自分の前方を識別できるのは，フロントガラスを自分の袖で丸く拭いた場合であるが，それでも視界が完全にクリアになるわけではない。同様に，企業経営上原価を材料費，労務費，「どんぶり勘定」である製造間接費に分類する伝統的な方法では，企業は費用効果を追究し，今日の市場競争を勝ち抜くのに必要な視野を手にできない。

翻って，活動基準原価計算（Activity Based Costing：ABC）は，先の自動車に例えるならば，曇り除去装置をフル稼働させて車を運転するようなものである。たとえ自動車や木々や歩行者が前方にぼんやりと浮びあがっても，今や進むべき途が明快に見えている。即ち，本書のポイントは以下の通りである。原価システムがより詳細な情報を収集し報告するようになると，組織の意思決定のプロセスはより明快になる。製品別の収益性の認識，製品ライン廃棄の決定，資産の有効性，資産廃棄の必要性といった事業決定は，おしなべて正確かつタイムリーな情報がないまま行われている。そして，本書の強い主張は次のことである。即ち，正確な情報のないまま組織が運営されると，目標である競争優位を得るために組織が全てを実行できるかマネジメント上疑問である。

まず，本書で提案される総原価システムは，製造間接費をいくつかの原価分類に切り分ける（図3－1を参照）が，これらのカテゴリーは総原価の実際の中身をより正確に反映するものである。

本章ではこれらのカテゴリーについて議論していくが，始めにこの詳細な情報がもれなく収集される方法を見ていこう。経営管理者や幹部が大抵考えることは，人員の増員，コンピューターやソフトウェアを更に導入することや最新の業務システムに投資することである。よく言われることだが，以前にも増して報告結果がもたらす便益をデータ収集コストがはるかに上回ることは驚くに値しない。Peter Grieco の常套句は，「データ過多，情報の脆弱性」である。適切に設計されていない業務では，このことは確かに真実であろう。このように非効率な企業が従業員に要求することは，重荷となっている通常業務だけで

図3－1

```
          原価の種類
─────────────────────

        品質コスト
         評価原価
         失敗原価
         予防原価

        在庫コスト
         維持原価
         移動原価

        設計コスト
         計画原価
         文書作成原価

        販売コスト
         広　告
         販売費
         顧客サービス

      エンジニアリング原価
         再設計原価

        管理原価
         監督
         設備
         光熱費
```

なく情報を報告することである。しかし，これは価値のある会計情報を得るための唯一の方法ではない。

　世界クラスの企業の従業員が指向しているのは，継続してコスト削減が行われる環境で高品質の製品を製造することである。

　この目標を達成するため，彼らは諦めずにアイデアと技術を導入し，自分自身のスキルアップに努め，簡素化の労を惜しまない。これこそが，今日の原価管理システムが求めるものである。原価管理システムは業務の中に実在するデ

ータを収集するための，単純ではあるが強力な手法を見出す必要がある。

データを収集するより良い手法を求める際，最初に克服すべき障害は，会計は伝統的に会計独自の手法と数値結果に基づくという陋習である。この考え方では，データに注目する新しい手法は真実の情報を示さず，またデータに反映されているのは，ビジネスで実際に行われていることよりはむしろ見せたいことである。活動基準原価計算は企業を良く見せたり悪く見せるために数値結果を化粧するものではない。この対象は，実績を反映し，適切な数値結果を創り出すことにある。この観点から，活動基準原価計算の数値結果がより役に立つものであると言える。なぜなら，有効な手法でコストの構成要素を識別し削減する情報を活動基準原価計算では手に入れられるからである。伝統的な配賦や統計処理では，これまで見てきたように，真のコストにベールをかけてしまう。

この章では，総原価の構成要素に注目し，より詳細なデータを収集し，より有用な成果を生み出すコスト計算の中で，そのデータを使用することが実際に求められていることを示そう。従って，ある企業が世界のトップ水準の改善を行う際，有意義にこの成果を活用できる。品質，在庫，購買，協力や生産といった企業活動は，より有効な原価データを収集することで改善可能な領域として強調される。

品質コスト──品質改善の価値を理解する

品質コスト（COQ）が関心の高いテーマであることを示すのが，このトピックで出版された書籍の数の多さと，総合品質管理（TQC）プログラムを導入する企業の数の多さである。

デミング賞やボルドリッジ賞のように，品質についての関心を高める賞が多数公表されている。最近では，企業が取引上直面する品質システム基準を確立した ISO 9000 がある。このような活動は全て，企業が活動基準原価計算の結果を利用し始める良いきっかけになる。即ち我々のクライアントの多くは総原価という問題に関心を持ち始めたのである。

図3－2

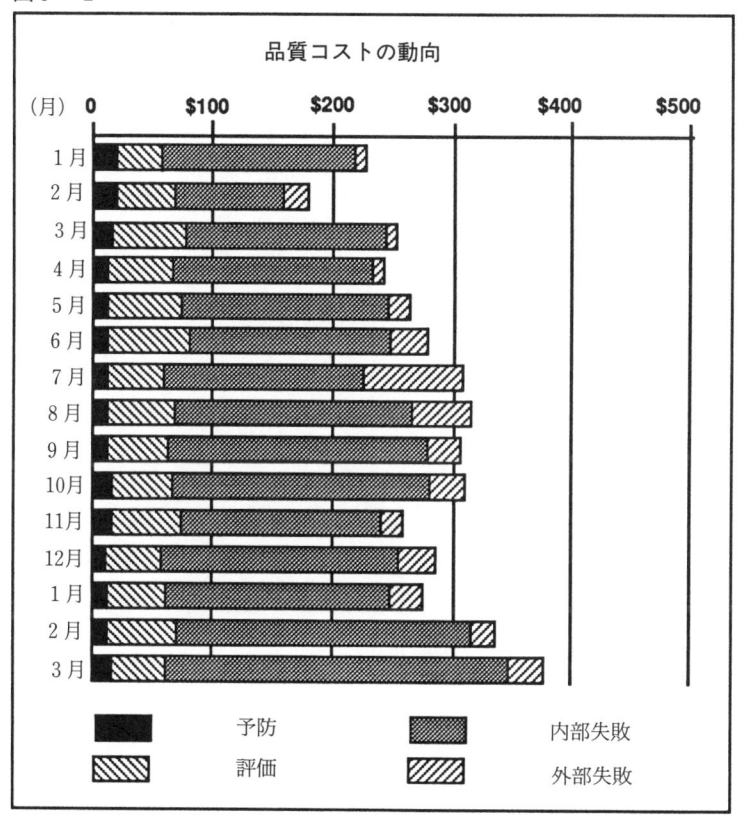

品質コストの動向

（凡例：予防、評価、内部失敗、外部失敗）

横軸：0 〜 $500、縦軸：1月〜3月（翌年）

残念ながら，品質コストや，これが組織業績上どれだけ重要であるかを理解している原価管理者の数は少ない。品質コストは，作業屑，低い歩留り，再作業といった不適合データを単に把握するだけではない。組織が品質コストを使用する目的は，品質欠陥のために費やした金額と，このような問題を防止するために費やした金額，あるいは品質問題を解決する際の正確なコストとの関係を把握することである。組織業績の分析から我々の狙いを見るために品質コストの報告書に注目しよう。

図3－2で示されている結果を検討し始めると，問題点がいくつか現れてくる。

1) この企業は従来，内部失敗コストの管理を目的にした経営を行っていな

かった。内部失敗コストの金額の増加具合に注目。
2) 外部失敗コストと評価コストは大体同水準のままであるが，どちらも改善されているようには見えない。
3) 予防コストの金額は最小であるが，これは，この企業が必要以上にはコストを使わないことを意味する。この予防に使われる以上の金額が他の3つのカテゴリーに使われている。
4) 品質改善のために多額のコストが注ぎ込まれるので，この企業の品質コストは継続して上昇していくと予想される。

以上のことから，品質コストの様々な要素が互いにどのように関連しているかわかったので，これらの構成要素を更に詳しく検討しよう。まず，専門家は図3-3のように品質コストを4つに分類する。

ここで考慮すべきは，品質コストの要素をこのように伝統的な手法で把握し分析することを拡張して，実際のコスト・ドライバーにうまく反映させるために以下の5つに分類することである。繰り返しになるが，このように状況を詳しく知れば，より一層のコスト削減が可能になる。

ここで構成要素を順番に見ていこう。一般的に，大部分の企業における品質コストの最大の構成要素は**失敗コスト**であるが，これは結合コスト（訳者注⑦）であり，**内部失敗コスト**と**外部失敗コスト**に細分化できる。内部失敗コストは，大抵企業による不適切な生産活動から説明される。内部失敗データを収集する際，かなり注意を払うべきである。このような分類は，全く説明のつかないコストとして企業が嵌るブラックボックスになってしまうことが多い。活動基準原価計算のゴールはこれとは全く逆のことであり，説明のつかないコストなど存在しない。活動基準原価計算に対する批判者の中には，この手法はあるバケツから別のバケツへ金額を移動しているだけだと論じているが，これは誤っている。活動基準原価計算は金額を移動する以上の働きをする。これは機会の領域に光を当てる。これは単に正確な計算だけではなく，正当化され，削除もしくは削減されるコスト・ドライバーを浮き彫りにする。このようにして，収集されるコストは実際に行われた活動に跡づけられると確信できる。

図3－3

品質コストの伝統的な構造

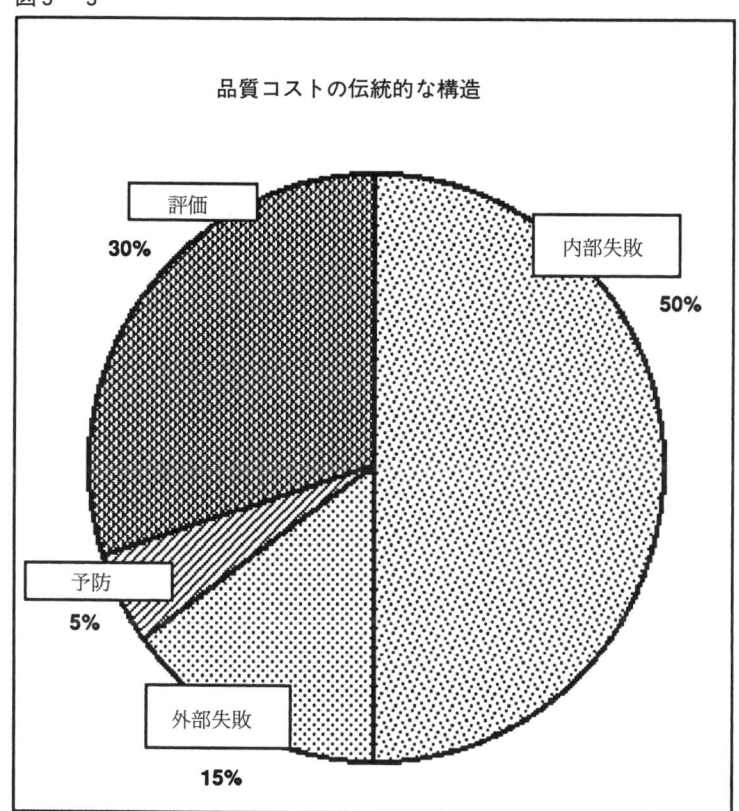

- 評価　30%
- 内部失敗　50%
- 予防　5%
- 外部失敗　15%

　次に内部失敗コストの構成要素をできる限り客観的にかつ現実的に説明することが必要になる。実際のコストは以下の通りである。

　作業屑——回収できず，廃棄されてしまう計画外の原材料の金額。実際の製造費用のパーセントで表示されるのが一般的である。このコストを廃棄コストと呼ぶところもある。

　再作業——不適合製品の修正に付随して発生するコスト。

　補償——不適合製品を修理するため顧客が返品した物品に関連するコスト。

図3－4

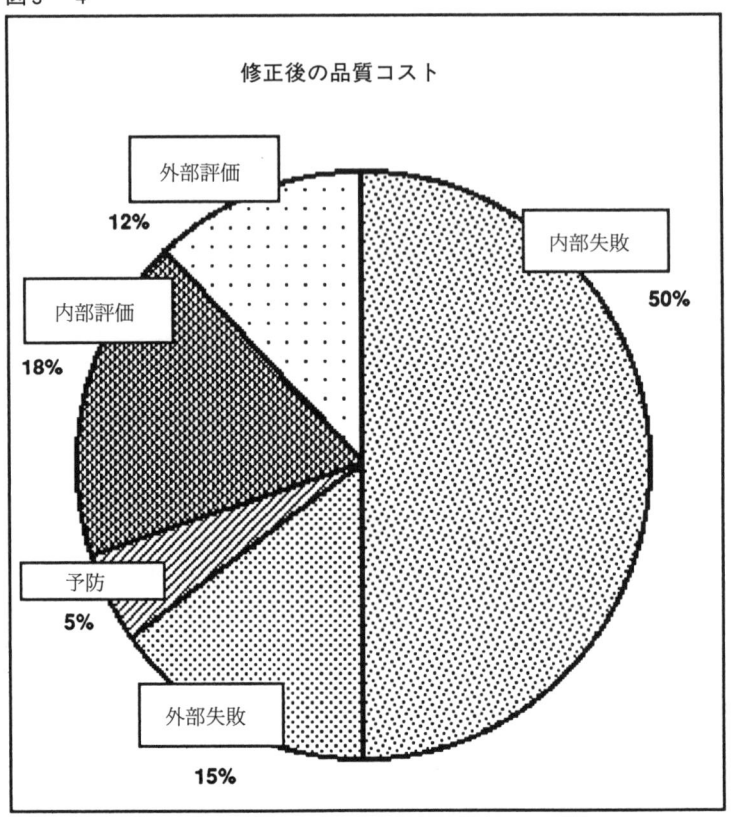

修正後の品質コスト

- 内部失敗 50%
- 外部失敗 15%
- 予防 5%
- 内部評価 18%
- 外部評価 12%

このコストには修理コスト，取り替えコスト，運賃を含む。

機械稼動停止——計画外，予想外の機械停止に伴うコスト。このコストは緊急のメンテナンス・コストや製品損失のコストを含む。

同様に各カテゴリーで原材料費，労務費，製造間接費を把握することを忘れてはならない。

外部失敗コストは納入業者による不適合な製品供給に跡づけできるコストに関連している。例えば実際に欠陥であると認定された材料のコストはこのカテ

ゴリーに加えるべきである。外部失敗コストは原材料戻し，製品ライン上の失敗と顧客からの返品も含むべきである。

　評価コストは通常，品質コストでは2番目に大きい構成要素である。端的に言えば，評価コストは適合性を維持するための調査・検査に伴う費用に関連する。勿論，総原価システムに従うと，企業はこのカテゴリーに資金をあまり費やさず，欠陥の防止にかなりの資金を投じる。加えて，活動基準原価計算によれば，このカテゴリーは内部構成要素と外部構成要素に区分けされるべきであるとされる。これが実行されると，企業は納入業者からの材料検査の金額に注目し，供給者認定プログラムを通じて納入業者との強固な関係を構築するように努力し始める。

　不適合問題を削減したり削除するために，企業は**予防コスト**に金額を費やして品質コストを改善する努力を怠ってきた。経営陣が予防に関連した活動の一部を切り捨てて資金を節約する安直な方法が，このカテゴリーであると見られていた。近視眼的な見方によれば，このようなコストは付加価値を生まないと認識され，実際に予防コストは失敗コストのカテゴリーにおける資金節約と説明できる。

　経営者は従来の考え方を見直す必要に迫られており，この結果人気があり効果のあがる活動に資金がどんどんつぎ込まれている。この活動として，改善チーム，社内トレーニング・プログラム，外部トレーニング・プログラム，供給者認定プログラム，ゼロ欠陥運動等を挙げることができる。このため，たとえ予防コストが上昇しても，品質コストは全体として減少する。

在庫コスト――改善動機としての原価要因の導出

　企業が在庫を測定する方法はいくつかある。即ち，在庫金額，在庫回転率，在庫評価損失額，在庫の流動性，在庫日数（日ベース，週ベース，月ベース）である。このような測定値によって在庫を数字で把握することはできるが，これらの数字は原価管理システム全体の実像を正確に捉えているわけではない。

というのも，どの数字も在庫コストを把握していないからである。例えば会計システムの中には在庫コストの既定値として月2パーセント，即ち年率24％という数字が使われる。しかし，我々の経験上，クライアントの多くは在庫コストの数字を高目に設定しており，在庫コストのドライバーを識別する必要がある。実際，我々が継続して注目しているのは，クライアントの在庫コストの範囲が25％～45％となっている点である。この数字は次のことを意味している。この節の最後に報告例として示すように在庫維持コストの測定は活動基準原価計算のリポートにより計算・分析されなければならない。

72頁以降の報告例が示すように，在庫コストのカテゴリーは次の項目を含むべきである。

・貯蔵スペース
・運搬設備
・在庫リスク
・税金とサービス
・資本コスト

貯蔵スペース・コスト——在庫保管には場所と場所にかかるコストが必要になる。活動基準原価計算システムでは，このようなコストは場所を占有する製品数に関連している。従って貯蔵コストとして税，減価償却費，維持修繕費，光熱費，警備費用，安全維持費用等の決定が必要である。加えて在庫を貯蔵する場所を考慮しなければならず，これは以下に挙げる内部コストの要素，外部コストの要素を含んでいる。換言すると倉庫，貯蔵場，資材置場，トレーラー，品質検査場，資材検査場，受領場，出荷場である。

運搬設備コスト——このコストの対象は，倉庫の内外に在庫を移動するのに使うあらゆる設備だけでなく，設備の減価償却費，燃料費，メンテナンス費用，修繕費，保険料，税金である。更には，検査，計量，包装，開封，印刷（バーコード）のような設備も認識すべきである。

在庫リスク・コスト――在庫が存在する限り，リスクに伴う出費が発生する。在庫を増やすと，在庫コストも増加する。例えば在庫保険は在庫の価値に基づいている。在庫の盗難は別の形態のリスクに伴うコストであるが，これは相対的に目立たないコストにもなるし，主要なコストにもなりうる。具体的には，我々のクライアントの1社は350万ドルの価値のある水処理設備がビルから消えていることに気が付いた。長期間貯蔵することになる在庫は，それが使えなくなる時点まで物理的に陳腐化が進行し，品質も低下するというリスクが伴う。企業は陳腐化した在庫を保有し続けたいと考える（我々は，本当の理由を知っている。――在庫が資産だからである）。決して使うことのない物を保有することにどれだけのコストが掛かっているか，我々が指摘するだけでなく，貯蔵に関する考え方を変えるように常にクライアントに指導している。考慮しなければならない最後のリスクの1つが，在庫品の価格変動に伴う損失である。

税金とサービス――在庫コストは在庫に支払うべき税金や，原材料の運搬等に伴う労務費も含んでいる。忘れてはならないのは，労務費に加えて福利厚生費を取り上げることである。在庫コストのその他の費用は事務費であるが，これらはかなり多額だとしても含まれないことが多い。実際，活動基準原価計算システムでは，事務費は伝統的なシステムの場合よりもかなり大きくなる。というのも，事務費は全ての活動，例えば取引の記帳，書類やバーコードの作成，購買注文調査，トラックの手配，配達スケジューリングといった活動に関連しているからである。

資本コスト――資本コストの計算上，資金のコストは金額ベースでもパーセント（％）・ベースでも表示できる。在庫，設備，土地，建物，貯蔵所に投資するために借り入れた資金の支払利息も資本コストの対象になる。

補論：特別欄

在庫維持コストをいかに計算するか

以下の欄は2部に分類される。第一部は読者が購入した物の金額を記録する

欄である。第二部は第一部での書き方をそれぞれ説明している。

Ⅰ　貯蔵スペースのコスト　　　　　　　　　　　　　　　金　　額
　　1．貯蔵用の土地・建物の税金　　　　　　　　　　_____
　　2．貯蔵用建物の保険　　　　　　　　　　　　　　_____
　　3．貯蔵用建物の減価償却　　　　　　　　　　　　_____
　　4．他の倉庫設備の減価償却　　　　　　　　　　　_____
　　5．他の建物のメンテナンスと修理　　　　　　　　_____
　　6．水道光熱費を含む公益費　　　　　　　　　　　_____
　　7．守衛，夜警やメンテナンス人員の給料　　　　　_____
　　8．他の場所にある貯蔵／運搬・設備　　　　　　　_____
　　小計：貯蔵スペースのコスト　　　　　　　　　　_____

Ⅱ　貯蔵所における運搬設備のコスト（トラック移動は含まない）
　　9．設備の減価償却　　　　　　　　　　　　　　　_____
　　10．設備の燃料　　　　　　　　　　　　　　　　　_____
　　11．設備のメンテナンスと修理　　　　　　　　　　_____
　　12．設備の保険料と税金　　　　　　　　　　　　　_____
　　小計：運搬設備のコスト　　　　　　　　　　　　_____

Ⅲ　在庫リスクのコスト
　　13．在庫の保険　　　　　　　　　　　　　　　　　_____
　　14．在庫の陳腐化　　　　　　　　　　　　　　　　_____
　　15．作業屑を含めた在庫の減損　　　　　　　　　　_____
　　16．窃盗　　　　　　　　　　　　　　　　　　　　_____
　　17．在庫品価格の下落に伴う損失　　　　　　　　　_____
　　小計：在庫リスクのコスト　　　　　　　　　　　_____

IV 税金及びサービスのコスト
    18．在庫品の税金　　　　　　　　　　　　　　　　　　＿＿＿＿
    19．在庫品の運搬及び保全の労務費　　　　　　　　　　＿＿＿＿
    20．記録のための事務費　　　　　　　　　　　　　　　＿＿＿＿
    21．運搬及び在庫用益に携わる全職員の社会保障費の雇用者負担金　＿＿＿＿
    22．上述の全職員用の失業保障保険料　　　　　　　　　＿＿＿＿
    23．上述の全職員用年金計画，団体生命保険
        団体健康保険及団体障害保険プログラムへの雇用者負担金　＿＿＿＿
    24．一般管理費には税金，社会保障，年金，及び管理担当者の保険プログ
        ラムへの雇用者負担金を含む。　　　　　　　　　　＿＿＿＿
   小計：税金とサービスのコスト　　　　　　　　　　　　＿＿＿＿

V 資本コスト
    25．資金コスト　　　　　　　　　　　　　　　　　　　＿＿＿＿
    26．在庫運搬及び管理設備に投資された資金の金利分　　＿＿＿＿
    27．所有している場合に発生する，在庫保管用の土地及び建物に投資され
        た資金の金利分　　　　　　　　　　　　　　　　　＿＿＿＿
   小計：資本コスト　　　　　　　　　　　　　　　　　　＿＿＿＿
   総計：　　　　　　　　　　　　　　　　　　　　　　　＿＿＿＿
    28．上記の分析で考察された貯蔵所における平均手持在庫（金額）
    29．総額の内項目28で除した在庫維持費用の計算　　　　＿＿＿＿％
    30．現在の資金コスト（比率）　　　　　　　　　　　　＿＿＿＿％
    31．項目29に項目30を加えた総費用（比率）　　　　　　＿＿＿＿％
   合計　　　　　　　　　　　　　　　　　　金　額
    1．貯蔵スペースのコスト　　　　　　　　＿＿＿＿
    2．貯蔵所のみの運搬設備のコスト　　　　＿＿＿＿
    3．在庫リスクのコスト　　　　　　　　　＿＿＿＿
    4．税金及びサービスのコスト　　　　　　＿＿＿＿

5. 資本コスト　　　　　　　　　　　　　　　＿＿＿＿
　合計　　　　　　　　　　　　　　　　　　　＿＿＿＿

在庫維持のコストの発生

ラインNO.
   1. 企業の内部／外部貯蔵に関わらず，貯蔵施設によって占められる建物及び土地に支払われる不動産税の負担部分の推定。
   2. 上記範疇における保険料負担割合の推定。注：大多数の企業は大惨事だけをカバーするために自己保険もしくは多額の引当をしている。
   3. 貯蔵用建物／土地に対して実際に請求される年間の減価償却費。
   4. 離れた貯蔵用場所または一時的な倉庫に対する年間の減価償却費。
   5. 貯蔵場所だけで費やされた年間メンテナンス・コストの推定（貯蔵場所が適切な場合，野外での除雪費用も含む）。
   6. 貯蔵用倉庫に費やされた年間メンテナンス・コストの推定。
   7. 貯蔵所の安全に対する費用と守衛に支払う年間負担費用割合の推定。
   8. 他の所在地での貯蔵及び運搬等で発生した年間のコスト。
   9. 他の所在地での在庫の運搬に使われている全ての設備として，例えばフォークリフト，クレーン，搬送機械，ラック等の設備がある。これらの設備の年間減価償却費には，トラック輸送，出荷，受領，作業等の設備は含まない。
   10. 上記の設備の年間見積り燃料費。
   11. 上記項目9の各内容での年間の維持費もしくは保守契約費の見積り。
   12. 分かるのであれば，項目9の各内容の年間保険料や税金の見積り。
   13. 分かるのであれば，（仕掛品ではなく）在庫品の損失を補うために支払われる年間の保険プレミアム。
   14. 陳腐化による年間償却費の見積り（償却される場合，材料費も減少させるか廃棄しなければならない）。
   15. 在庫の運搬で発生する品質の劣化等による在庫品の損失の見積り。検査方針の変化に伴って工場で発生した作業屑や資材の作業屑は含めな

16. 個人使用や従業員の窃盗による在庫損失の見積り。
17. 価格低下による在庫価格の減少分を見積る：低価法または時価法を採用。
18. 在庫保有税を採用する州は今日では少ない。但し在庫保有税が採用されている州では，その記帳方法を検討すべきである。
19. 在庫品に関する労務費。この金額は多額であり，貯蔵されている在庫品と関係している個人の年間賃金と給料の全てを含むべきである（出荷，受領，または輸送という材料運搬の労務費は含まれていない）。
20. データ記入，定期的棚卸，調停，エラー訂正，文書取扱等の事務コストの見積りはコンピューターの操作，メンテナンス及び報告の時間とコストを含んでいる。

21〜24. 福利厚生費用。これらは集計され項目24に加えられる。

25. 資金コストについての一般的な注意事項。項目30では比率の数字が使われるがこれらは共にパーセント値ではない。
26. 購入した搬送設備の金利分の見積りのコスト：または（上記の項目9と関連して）貯蔵搬送設備の確認に要した金額で得られた金利分。
27. 貯蔵庫と土地の獲得に支出した金銭上の金利分（支払利息または機会費用）の見積り（上記の項目3と関連している）。
28. 上述のようなコストの数値は年間発生額であり，年度をまたがった在庫評価に適用される。そのため平均的な在庫保有高は貯蔵所の材料によって決定される（仕掛品でも完成品でもない）。
29. 平均在庫額に対する年間のコスト（合計額から比率を算出する）。
30. また現時点のコストの資本コストを加えるが，通常は現時点の基準金利として認識される。中には実際のコストは基準金利よりも高い時もあれば低い時もある。しかし通常は基準金利を用いれば十分である（ここに項目25をコピーしてはいけない。別々の数値であるからだ）。
31. 実際の総在庫コストは項目29と項目30との合計である。

在庫コストの構成要素を積み上げた後，在庫コストを計算できる（前頁の項目28から項目31までを参照）。検討対象となっている在庫の平均金額を使う。在庫コストを計算するために，全ての在庫を使う必要はない。大いに削減すべき在庫を強調するために，各カテゴリー別に在庫コストを計算できる。実際在庫コストは，組織を通じて削減義務のある在庫水準を従業員に納得させる道具として使える。このような数値がどれほど説得力があるかを検証するために下記設例を見よう。

1,000万ドル分の在庫をある企業が積み上げた。この在庫コストは30％と計算された。この在庫コストは年間300万ドルになる。

　　　$10,000,000 \times 30\% = \$3,000,000$

この数字をより目立たせるために，われわれが薦めるのは，日次ベースに換算することである。この場合，1日の在庫コストは約0.08％である。従って，日次ベースの在庫費用は次の数値になる。

　　　1日　$8,219

このような金額がでれば，いやでも在庫削減を迫られるのではないか？

　まとめると，単に在庫削減を指向するだけではなく，在庫コストの構成要素もまた削減すべきである。我々がクライアントに薦めているのは，このような構成要素をチェックし，削減するための手法を見出すことである。

　クライアントの1社は簡単ではあるが効果的な手法でコストを削減できた。この会社は17機のフォークリフトを，材料受入場から工場の反対側の生産ラインへ資材を移動させるために使用していた。我々と問題を検討した後，この企業が決定したのは，生産ラインの近くに資材の新しい荷受場を建設することであった。この結果，この企業はたった1台のフォークリフトを必要とすればよ

く設備維持費を実質的に削減した。

調達コスト ── 資材の調達費用に的を絞る

　我々が取り組んでいるチャレンジとは，工場が需要に応えるために原材料，サービスといった部品を調達することである。しかし，かなりの確率でこの挑戦に対する伝統的な考え方に出くわす。供給管理についての伝統的な実践方法は，次のようなものであると考えられている。

- 大量購入によってコストは低減する。
- 価格は品質よりも重要である。
- 配送の頻度をあげると，更にコストがかかる。
- 供給者は敵である。

　このような考え方を変えるために，購買の主要なゴールは供給管理プログラムの実践である。これは主要供給者と長期取引関係か戦略的パートナーシップ（必ずしも法的意味を問わない）を構築するものである。これらのプログラムはコスト改善に注目するだけではなく，質的にも，量的にも，購買活動の改善に注目するのである。

　Peter Grieco 著 "Supplier Certification II, A Handbook for Achieving Excellence through Continuous Improvement" では，信頼やコミュニケーションに基づく供給者との密接な取引関係を構築するためのプログラム実践方法が詳細に述べられている。

　導守すべき基準の1つは両者がリスクも利益も共有する合意である。購買におけるこの新しい手法では，納入業者と顧客の双方のパートナーシップを，原価計算担当者が構築することが必要である。納入業者やバイヤーは責任分担を詰め，両者ともに勝者になるよう努めなければならない。

　具体的には，この関係が両者にとって有益であるのは一定期間（1年，6カ

月，3カ月）の数量が予測され，この予測値を使ってこの期間の数量に幅を持たせることができる場合である。従って，契約価格は当該期間の数量に対応して設定される。明らかに，この手法は供給者にとって大きな価値があり，バイヤーもこの数量に100％縛られる危険を回避できる。

更に，両者は下記のことに同意する。

- 納入業者は押し込み販売をしない。
- 数量の変更は予め決められた割合の範囲内で行われる。
- バイヤーは一定のリードタイム期間中に必要な購入を適時に伝えなければならない。
- 必要量以上の購入は，個別に協議しなければならない。

このタイプの同意によって，次ページに示す合意のように双方は信頼して協力できる。

この契約割合が意味するのは，バイヤーは最初の30日間で1,000ピース，即ち100％購入を約束しなければならない。次の30日ではこのバイヤーは20％分の修正が可能である。換言するとバイヤーは契約違反することなく最低でも1,800ピース購入できる。バイヤーは3カ月目では50％分の修正を，4カ月目には80％分の修正が可能であり，5カ月目，6カ月目にはすべてキャンセル可能である。この契約は契約期間中に総額で3,000個分の購入を反映しているが，同時にバイヤーは同様の契約で6,000個までの購入が可能である。仮にバイヤーがこの契約の割合に基づいて合意した以上の数量を要求する場合，供給量は注文に従って個数を増減することになる。また仮にバイヤーが当該契約期間で需要量を増減させる場合，特定期間中に当該変更を打ち合わせる責任が両者にある。

このタイプの契約では両者ともに在庫を考えていないので，両者はコストを低減できる。このような購買方法は全体として両者が満足いく関係を構築できる。というのも，この契約により納入業者はより正確な製品数を製造でき，バイヤーにとってもより効果的にコストを押さえることができる。

図3－5

購入契約

契約量　　6,000個
契約期間　6カ月
納入期間　60日

Month 1	Month 2	Month 3	Month 4	Month 5	Month 6
1000	1000	2000	1000	500	500

合意割合

日数	割合
0-30	100%
31-60	80%
61-90	50%
91-120	20%
121-over	0%

　この他にも価値分析手法があるが，これは余計な資金を節約する契約の一部分になる必要がある。繰り返すと，どこに改善機会が存在するか識別するには，活動基準原価計算に基づく詳細な報告書を収集することが必要である。前にも触れたように，このためにはコストを集計するという考え方をやめる必要がある。我々のクライアントとの作業で経験してきたのは，日々の業務に注目することにより，節約額を稼ぎ出す多くの機会が明白になることである。考慮すべきは，購買活動を追跡し，検討対象となるコスト・ターゲットをどのように見出すかということである。即ち，

何にコストが費やされているのか？

- 需要量にあわせて供給量を決定する活動は，例示すれば以下の通りである。：材料要求計画（MRP）リポートの分析，必要な書式の準備，購買部に文書を送付，リクエストの確認，購入の許可。
- 郵送やコピーの送付による購買注文の準備は，一般的に以下の活動を含む。納入業者の選定，価格やその他条件の検討，コンピューターへのデータ入力，記帳の訂正，購入注文の印刷，コピーの仕分け，納入業者へコピーの郵送，各セクションへのコピーの送付，文書のファイリング。
- 購入注文の確認（請求）は，一般的に契約検討時でのリポートの分析等の活動を含む。

上記項目の実行により明らかなのは，実行された活動が全て同じタイプの費用を発生させるということである。これは単なる偶然ではない。企業が活動に基づく成果をより多く生み出すようになると，コストの同一構成要素が組織全体を通じて把握されることは明白であろう。

- 時間
- 原材料費
- 労務費
- 光熱費
- 無駄

データ処理コスト ── データ処理コストを明白にする

コンピューターのコストが下がっていると信じている人に対して，自らの組織内におけるデータ処理コストに注目するように勧める。実際，以前にも増して我々はビジネス面でコンピューターに依存している。そのこと自体は問題ではない。むしろ，このようなリポートを作成するために必要とされるデータを

把握しインプットすることにかかる時間や労力が、ここで取り上げられるべき問題である。

毎月コンピューターで処理される取引件数を振り返ってみよう。5,000件だろうか、10,000件だろうか、もしかしたらこれ以上あるかもしれない。このような処理がどのように行われているか考えてみよう。大抵の組織ではこれらの処理件数は、職場で従業員が実際に活動してコンピューターシステムに直接入力した結果である。

ここでの関心事はデータの必要性ではなく、データの収集方法である。よくあることだが、データを収集し入力する人の責任の所在が製造部門に有り、データ処理部門にはないことがある。活動基準原価計算が着目するのは、コンピューターにデータを入力する活動にいくらかかるかを明白にすることであり、必要なデータをより良い方法で把握しようと求める企業に役立って欲しいとの願いがある。

〝ちょっと待ってくれ！〟とこの時点で読者は恐らく自問するであろう。〝活動基準原価計算システムはより詳細なデータを必要とすると言ったばかりじゃないか。一方で、収集にはかなりのコストが掛かると今、言ったばかりじゃないか。両方を満足するには自分のところでどうやればいいんだ。〟

コストをカットする一方でより多くのデータの必要性を満足させるというゴールを達成する手法は数多くある。しかし、最初に認識すべきことは、コンピューター処理コストの真の敵は「人間の時間」である。換言すると、必要なのは情報であり、データ入力要員ではない。この理由を検討しよう。以下の例では活動によって組織が生産的な時間を実際に失っている活動を示すものである。

- タイムカードで生産活働時間を記録し、次にこのデータをコンピューターに手で入力する。
- 完成品のような生産結果を記録し、次にこのデータをコンピューターに手で入力する。
- 作業屑、再作業、停止時間等の不適合コストの入力。

・受領，貯蔵，装填，検査のような原材料取引の入力。

更に，支援作業で実施される活動もある。

・資材請求書，資材移動ルート，作業指示書，スケジュール表，全体スケジュール表，メンテナンス用品等の準備。

最後に，管理業務で行われる活動がある。

・会計データ入力，送り状，領収書，小切手支払や予算計画入力等の準備。

・売上注文書の作成，出荷書類，製品価格見積，製品原価見積。

　上記のリストは多数の取引のごく表面だけを単になぞったものにすぎない。これらの取引は，企業の典型的なコンピューター・システムに手作業で入力されるものである。世界クラスの企業の責務とは，データの必要性を見直し，入力業務から人間を開放するための最新の手法にチャレンジすることである。今日のコンピューターや付随するハードウェアを利用することにより，多くの企業はデータを自動的に入力する能力のあるコンピューター・システムを上手に利用できる。

　例えば，我々のクライアントは，ある活動に関連する時間や労力を測定している。この活動は，受領場所から現場または在庫倉庫までの全配送経路を考慮する。実際には，時間の半分がデータ処理に関連する活動に費やされており，残り半分の時間は資材運搬に関する活動であることを我々は発見した。

　クライアントに働きかけたのは，付加価値を生まないが必要な活動にバーコード・システムを導入することである。結果的に生産性は向上し，データ入力に費やす時間は総時間の1/8に，即ち50％から12.5％に縮まった。

　我々の別のクライアントはデータ処理に関心があり，このクライアントが記録し始めた工場での作業者の作業時間内容は，使用材料，労働時間，完成品生産のような現場データを把握することであった。この結果が示しているのはこの企業がバックフラッシュ・システムを導入したことである。このシステムは製品の材料請求書やコストの発生ルートに基づいてデータを自動的に収集し入力する。この努力により，生産性は急速に改善された。

更に他のクライアントが分析したのは，購買機能取引の入力及び文書印刷に費やされる時間であった。このクライアントの対応はバーコード付きのカンバンを導入することだった。全体として，この2つの対策導入により，全ての処理の90%を削減でき，従来使用してきた4つの文書をも廃止した。この企業のカンバンの機能は多岐にわたる。

- 購入注文
- 梱包札
- 受領人
- 在庫品札

このクライアント企業での文書処理で節約されたコストは，バーコード関連機器のみに使われた。

これまで議論してきた活動に対するコストを削減するには，コスト節約機会

図3－6

受　領	
活動	時間
1. 配送品から荷札をとる。	2分
2. 目でその配送品が自社のものか確認する。	1分
3. 個別注文の写しをファイルで見る。（システム上で確認する）	10分
4. 受領報告書の作成	8分
5. 数量を数える	10分
6. 品質検査待ち	24時間
7. 在庫倉庫（あるいは現場）への配送	20分

を求める考え方に変えるような創造力とイニシアチブが必要である。我々がクライアントに話すのは，最小の活動から始めて活動別の原価に達する最善の方法は，クリップボードを抱えて現場に行き，従業員の行動を観察することである。図3-6の例に示されるように，完成までにかかる活動と時間を記録することが必要である。

「時は金なり」を信じるならば，上記の例から節約されるべき部分が数多くあることを見出すことができる。次の段階は，コンピューター処理や資材（文書）だけでなく，労働や待機時間にもコストを割り当てることである。これにより，企業は自社で処理される全ての領収書に適用できる受領コストを計算できる。

管理コスト——事業運営のコストを明白にする

伝統的企業において，管理活動は間接費として認識されている。間接費は製造・販売された全製品によって負担されるべき総額であり，間接費の算定式に従って集計されたものである。

活動基準原価計算を使う企業では，このような管理コストはより公平に配分される。各製品別に総コストのデータを収集し，報告し，生産時間の割合に応じて管理コストを割り当てる。管理コストを効果的に直接割り当てるために，2つのファクターを決定する。

- 管理コストを考慮する際，どのコスト構成要素までを含むべきか。
- これらのコストを割り当てる製品を決定する上で，何を基準とするか。

管理コストの構成要素の対象となるのは，給与，資料（報告書，グラフ，財務諸表）作成，法務手数料，広告と考えられるが，その費用項目数は少ない。コストの構成要素は，組織形態や実際に行われる活動によって変わる。全ての

企業に共通する唯一の基準は，コストの全構成要素が当期に発生していることである。コストの構成要素が集計額の一部であれば，最初のステップとして様々なコスト構成要素に細分化し，特定の製品やサービスにそれらを割り当てる方法を議論すべきである。換言すると，活動基準原価計算と全く同様に，コストをより直接的に報告することが最終目的である。

このような管理コストを割り当てる製品を決定する基準は，コストが発生する活動に依存している。最終目的は細部にわたってコスト金額を把握することではない。そうではなく，伝統的手法よりも管理コストが公平に製品毎に割り当てられる努力が為されることである。

測定されるべき活動に基準が論理的に跡付けられる限り，基準は変えられる。この点こそ，伝統的コスト測定手法を上回る活動基準原価計算の優位性である。即ち活動基準原価計算では一般に認められた会計慣行は存在しないので，企業は適切でもなければ実践的でもない会計手法に従うことを強制されない。

一例として，ある成果を検討しよう。これは伝統的原価計算環境で直接収集されたものではないため，関連コストを配賦しなければならない。より詳しく検討するのは，管理活動に伴う業務を測定し活動コストを決定できる方法である。これにはいくつかのポイントがある。

- ・利益
- ・取引量
- ・売上高
- ・注文数
- ・コンピューター端末の数

1カ月に平均500もの証憑を処理している会社を想像しよう。昨年7月にこの会社が稼動させたリポート作成プログラムは，買掛金証憑入力プログラムのもとになった全取引を総括するものである。このリポート作成者は買掛金IDフィールドにキー入力し，全ての取引について証憑入力を選択する。この作成

者は製品タイプのフィールドにもまた入力する。この目的は，各製品タイプ毎に証憑入力処理総数を決定することである。この結果は下記の表に示されている。

製品	処理件数	比率
100	53	8%
200	76	12%
300	393	61%
400	126	19%
	648	100%

　前記の表の比率は各製品毎に買掛金処理部門で費やされた労力を表す。7月中の買掛金処理にこの企業が費やした総額は，8,876ドルであった。前表で計算した製品毎の比率を使って，この企業は下記のように製品別の買掛金処理に伴う費用総額を明白に把握できる。

製品	比率	費用
A	8%	$710.08
B	12%	$1065.12
C	61%	$5414.36
D	19%	$1686.44
	100%	$8876.00

　この企業のリポート作成者は，統計ファイルにこの比率を記入する。ファイルではこの比率が月末配賦額に使われ，製品原価報告書に新しい原価分類を造ることとなる。この例のように，企業が買掛金処理に伴う費用配分を様々な手法を使って計算するのは，この費用が月ごとに異なるためである。他の企業は統計ファイルに記入された固定比率を採用するかもしれないが，これは毎月の処理件数があまり変わらないときである。

　他の管理コストも手法が適切かつ論理的で実践的な役割を持つ限り，種々の手法が使われる必要がある。加えて，これらの手法によって活動の内容を把握し，継続的な改善を実践できる。そこで次の点に留意すべきである。即ち活動基準原価計算システムの究極の目的とは，活動に伴って測定された無駄を削減もしくは削除することである。

適合性のコスト──納期厳守についての内部コスト，外部コスト

　企業が改善を狙う大きな機会の1つに，適合性の業績に関する領域がある。適合性のコストとはいったい何を意味しているのか。端的に言えば，次のことである。

> 適合性のコストは，期待されていることを実行しないことに関連する金額を測定する。

　図3－7はまさにこれらの活動の内容を意味している。
　もちろん，このリストは，組織での各機能，活動，職務を通じて行われている。期待されていることを**行わない**，あるいは，納期内に**行わない**ことに関連する費用が存在するのを示すことに適合性の焦点は合わされている。
　我々のクライアントである Industrial Drives 社の Charles Perry 社長が気にし始めたのは，組織がスケジュール通りに運営されなくなっていることであった。
　彼が我々に相談したのは，自分の会社が製品を出荷するために月末まで待つ理由であった。"私が望むのはうちが今日出荷することなんだ！"我々は，(「今日の仕事は今日やる」という名称がつけられた) チームを編成する手伝いをしたが，このチームの目的は，計画通りに進まないという問題の背後にある原因を見出すことであった。実際，このチームが発見した適合性の問題点は，製品が出荷される運搬地点から始まり，販売で注文を受ける場所まで追跡して遡った。
　多くの企業が関心をよせる領域は製造サイクルの最後に位置し，注目は全てそこに注がれる。しかし，製品が納期に従って出荷されてない理由は各プロセスでのサイクルタイムが影響しており，これは図3－8に示されている。ある領域に注目せずに，組織がこのサイクル全般の機能や活動を調査すべきである

図3－7

適合性の要素

会議基準

・時間
・コスト

納期配送

・内部
・外部

生産水準

・時間
・数量
・品質

管理業績

・目標
・売上
・予算

計画の達成

・販売時間
・開発時間
・製造時間
・製造経過時間
・出荷時間

のは，適合性を決定することが狙いにある。とくに自問すべき問題は，コストや時間の決定である。各サイクルの途中で発生する不適合のために，製造時間が削られる。実際，これは一般的な慣行であるため，資材関連活動と製造活動以外の領域では，納期を守れという催促活動は決して起こらない。

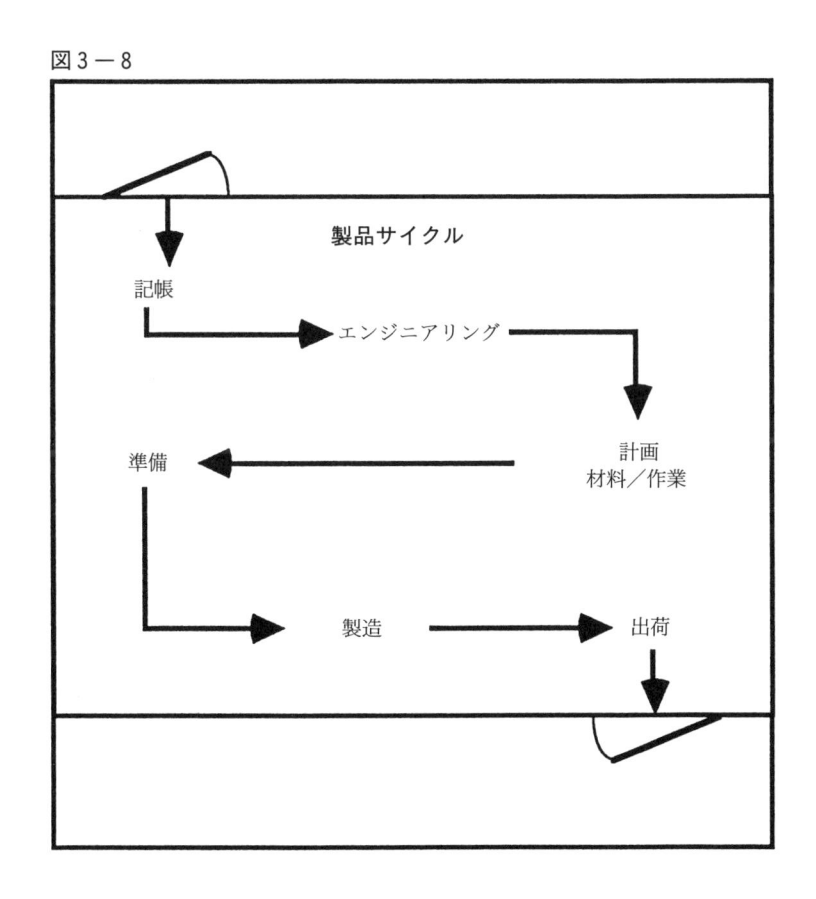

図3－8

製品サイクル

記帳 → エンジニアリング → 計画 材料／作業 → 準備 → 製造 → 出荷

加えて留意すべきは，時間を基準に適合性のコストを計算できれば，時間を金額に換算できるか，または始めからこのコストを金額で正確に計算できるということである。具体的には，コストは日次ベース，可能であれば時間ベースで金額を確定することができる。従って，適合性のコストは金額に時間をかけ

ることで計算できる。総額を決定するために企業に求められるのは，時間決定にかかる費用に注目することであり，あらゆる手段が適合性に関連する金額を収集するために使われる。

製造コスト —— 製品コストを明白にする

さて，製品の製造に関連する金額を測定するという製造コストに注意を集中しよう。ここでの活動基準原価計算の対象は，製品に関連する全機能及び職務の総原価を収集することである。

次にこれらの結果を標準と比較する目的は，より現実的に財務成果を測定することである。このコストの実際の構成要素は，付加価値を生む活動と生まない活動双方のコストを含んでおり，以下のように分類できる。

- 材料費
- 仕掛品在庫費
- 直接労務費
- 間接労務費
- 段取
- 稼動停止時間
- メンテナンス（予防）

原材料費

原材料費は原材料費及び購買部品のコストだけではない。活動基準原価計算は材料運搬や材料会計処理に関する活動に結びついたコストを検討する。このため，材料費の活動基準原価計算リストは次の項目を対象にしている。

- 受領

- 貯蔵
- 運搬
- ピッキング
- 外部購入者による運搬
- 陳腐化
- 返送（在庫へ）
- 在庫調整

仕掛品在庫費

移動のため現場に待機している原材料には在庫コストが掛かり，工程にある製品と関連付けるべきである。

直接労務費

不透明な点は全くない。多くの企業は製造作業に関係する労務費を直接収集し，報告する手法を持っている。サービス産業では，各職務毎にこれを識別しなければならい。

間接労務費

この原価要素は，生産活動で直接補促できる価値ではなく，通常は製造間接費として認識される。既に見てきたように，活動基準原価計算システムはこのカテゴリーでの改善機会を見逃さず，次に挙げる構成要素に注目する。

- 管理支援
- 資材運搬
- 品質検査（現場での）
- 受入人員
- 在庫管理人員

- 出荷人員

段取

段取や交換に伴うコストは，段取削減により継続的に改善プロセスを実行するように個別に把握される。把握すべきコストの構成要素は次の通りである。

- 段取作業員
- 工具，備品
- 工具の在庫
- 工具室事務員
- 段取中の資材損失

稼動停止時間

これは予定通りに生産が行われている時，計画されていた製品を機械が生産できなくなったことに伴うコストである。この要素には，メンテナンスや需要落ち込みに伴う計画された稼動休止時間等は含まない。下記に対象となる構成要素を挙げる。

- 緊急の修理
- 製品が機械につまる
- 資材不足
- 食事休憩
- 無断欠勤
- 製品損失

メンテナンス（予防的保守）

　世界的に有名な企業の多くでは，メンテナンス自体がコストのカテゴリーの中での重要な項目である。予防的保守の狙いは事前メンテナンスに多額の金をかけることであり，これは不測で緊急の修理にかかる費用を節約することを目的とする。予防的保守のコストは全て，予定されたメンテナンスと結びついており，以下の通りである。

・メンテナンス人員の給料
・メンテナンス用部品
・取替部品
・製品損失

　製造コストの計算上企業が利用するコスト分類の数は，組織の活動と機能をもとに決定される。ここではコストに関する全分類の例を提示する代りに，最も一般的なコスト分類を示した。これに付け加える場合，上記のカテゴリーで示してきた同一の論理に従うことになろう。

　例えば，自前の販売部隊をもつ企業の多くが試みるのは，顧客を獲得する活動——注文記入から製造計画まで——に関連するコストを把握することである。幅広いエンジニアリング機能のある他の企業は市場に製品を導入する活動のコストに注目するであろう。前述のように，コストが発生するレベルでの活動を理解することが目的である。このような訳で，活動基準原価計算が選択するコストのカテゴリーは組織の日々の機能を反映している。気がつかれたかもしれないが，多くのコスト・カテゴリーは伝統的なものではないが，これらに注目すると企業には節約できる機会が数多く存在することを発見するのである。

訳者注⑦　結合コスト
　同一原料、同一作業工程を経て2つ以上の生産物が結合して生産される時、各生産物が分離されるまでに共通して発生する原価を結合コストまたは連結コストと呼ぶ。

第4章

原価活動を識別する

我々は世界中で活動基準原価計算に関するセミナーを行っているが，その都度内容が有益であると評価されてきた。我々はテーマに対する反応に非常に満足しているが，原価システムが生みだす多額の利益を得るためにこれらの企業が活動基準原価計算を導入するように我々は願っている。本章の目的は，読者に活動基準原価計算の導入から学習してもらうことにある。まず学び，次に実行する。これが，我々が全ての顧客に徐々に教え込もうとしていることである。

　活動基準原価計算によるプロセスは，資源によって実施される活動を組織が識別することから始まる。資源とは組織の業務を運営するコストを発生させる実体と定義される。人間，機械，設備，そして資金さえも企業経営上必要となる重要な資源である。これらの資源がどのように使用されるかを知ることが，活動基準原価計算システムの核心である。しかし資源がどのように使用されるかを知ることが必ずしも容易ではないので，原価活動の識別は資源使用の検討から始まるのである。

　この章の意図は，活動を把握し資源を消費する実体としての組織構造を提示し説明することである。さらに，活動原価が組織の利益にどのように影響を与えるかを決定するために活動が検討される。一方，原価は分析され，組織が製品原価の統制を行える様々な機会領域に細分化される。このため重要な仕事は活動と適切なコストを結びつける最善の方法を探すことである。最後に今まで述べてきた新しい原価システムを創造するために，現存のシステムの能力をどのように利用するかを示そう。

原価活動を把握する構造の定義

　全ての組織は運営するための構造を必要とする。経営者が業務構造を公開するのを嫌がっても，あらゆる企業には業務構造がある。ほとんどの共通構造はトップの執行役員レベルから始まり，組織図の下位レベルへと下降していく。このタイプの組織構造では，あらゆる仕事が組織内の特定の地位と責任に一致

する。組織に使用される原価システムは，十分にその機能を満たす構造を必要とする。コストもまた上から下へと認識されるので，原価システムはコストを把握するために順序よく構築されるべきである。図4－1を見れば，活動基準原価計算が機能上最も優れた原価システムであることが分かる。構造の最上段は組織成果（訳者注⑧）から始まり，これはさらには組織運営コストと組織収入に細分化される。収入は顧客に売る製品やサービスから得られるが，コストがこの本のテーマなので，ここではコストに注意を向けよう。活動基準原価計算は総原価の把握を強調し，組織が製品またはサービスを販売していようと適用可能である。

原価構造をできるだけ単純にするために，以下の4つのレベルに原価を細分化する。

- 製　品
- 機　能
- 活　動
- 要　素

製品を定義する時に，それを個々の製品，製品群や製品ラインとして考えることもできる。注意すべき最も重要な概念は，製品の定義に関連する全コストは定義した項目よりも下位レベルの項目を全て含むことである。

機能は，ある組織構造の中で業務を管理する特別な領域を表し，それゆえコストに関するあらゆる責任を持つとされる。この領域は，特定の組織毎に全く異なって定義される。企業はこの機能を部門，原価中心点，責任中心点あるいは利益中心点等と呼ぶ。呼び方が何であれ，それらはみな機能領域内で起こる活動に対して責任を負う。それらの活動からの費用は原価プールを形成し，定義された製品を通じて上方の組織運営コストにまとめられる。その上に向かう過程こそ活動基準原価計算によるコスト算定プロセスである。コストは上方に向かって集約され，製品原価に算入される。

図4-1

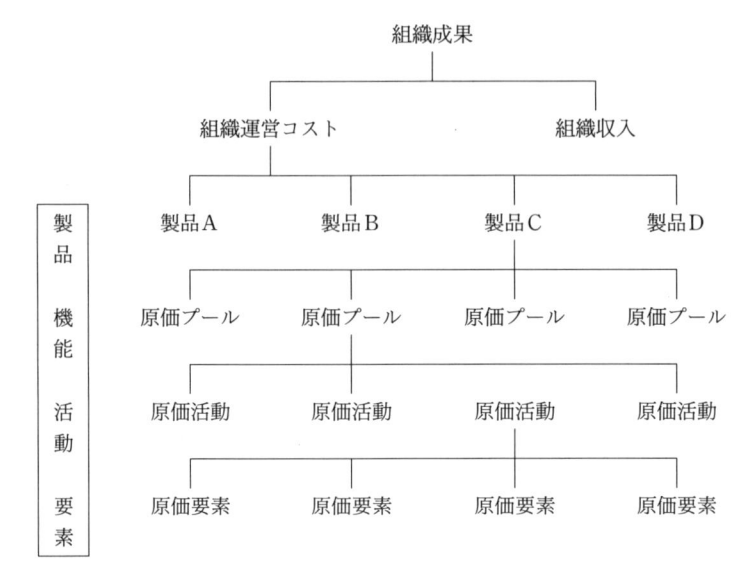

```
                    組織成果
                   ／    ＼
          組織運営コスト    組織収入
         ／  ／  ＼  ＼
    製品A  製品B  製品C  製品D
     │    │    │    │
   原価プール 原価プール 原価プール 原価プール
     │    │    │    │
   原価活動  原価活動  原価活動  原価活動
     │    │    │    │
   原価要素  原価要素  原価要素  原価要素
```

（左側に縦書き：製品　機能　活動　要素）

　前述のように，企業は個々の機能の中で様々な活動を行う。活動とは製品の組立，書類事務，取引のコンピューター入力，あるいは床掃除のような様々な活動を含む。活動基準原価計算の目的はこうした活動を明確にし，製品原価に原価を集約するために活動によって発生したコストを記録することである。

　原価要素とは，実行された活動により生じる原価の類型である。

　原価要素は労務費，原材料費，機械保守費，管理業務費，材料運搬費等のような範疇にある。この各要素は，要素毎に関連するコストをどのように収集するかを定めるべきである。

　図4-2にどのようにコストが展開されるかを示すためおなじみの製品に関するコスト構造を図示した。図は個々の原価レベルが互いにどう関連しているかを示している。さらに，この特別な製品に対するコスト・ドライバーが理解できる。

　上記のような原価構造は活動を実行する原価を決定するだけでなく，下位レベルへ向かう活動の責任も示している。

図 4 − 2

```
                          組織成果
                         /        \
                  組織運営コスト      組織収入
                   /    |    \
                        原動機
                         |
                        受 取
              /    /    |    |    \    \
        荷札の照合 受取の照合 数量チェック 受取更新 品質チェック 在 庫
              |         |         |          |         |
            労務費    原材料費  コンピュータ時間  管理時間
```

製品　機能　活動　要素

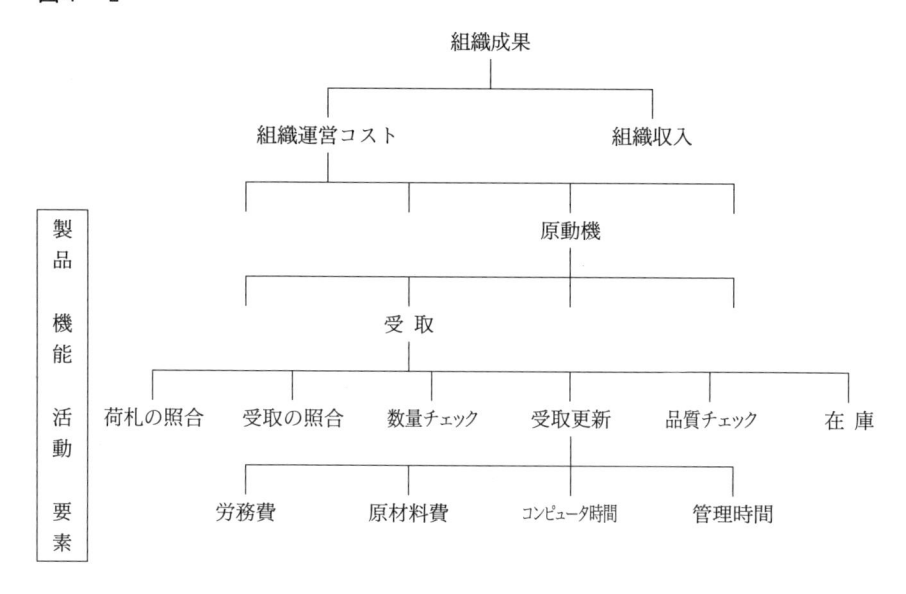

全活動の中心でデータを処理する

　ここで示したコスト構造があれば，実際の活動にコストをどう割り当てるかを決定することから始めることができる。労務費のような原価要素は明確であり，できる限り簡単な方法で労務費に関するデータを収集すべきである。人々が実行した全活動を全て自ら作業時間表に書き込みたいとは誰も思っていない。例えば，作業時間表に書き込むのにどの程度時間を必要とするかを記録する管理シートに自分が書きこんでいたとしたら！　現状で既に使用されている会計システムにより原価要素とコスト活動を更に関連づける方法が必要である。活動と原価要素間の関係をはっきりさせる最善の方法は，現状のシステムで処理されている活動を観察することである。

　どのシステムも，システム内部のファイルを更新するのに必要な活動とコストを収集する。例えば，あるシステムは受取，領収書，完成品のような活動とコストを収集し在庫を更新する。販売記録は予約，発送，送り状から収集され

る取引情報とコストにより更新される。製造記録のためにシステムは作業記録を利用し，財務記録のために支払，受取，固定資産を参照する。現状の会計システムによる全取引が全ての活動に関連づけられ，これらの活動はコストに割り当てられるのである。これを具体的にどのように行うかについて，例を参照しよう。

調査に基づくと，システムに入力された全購入注文に対し，実際の取引の前後で多くの活動が発生していることが分かる。

これらの活動を以下に列挙する。

- ・処理の必要条件
- －準備
- －分析
- －承認

- ・購入先の選択
- －新しい購入先
- －契約先
- －優先される購入先

- ・データ入力
- －複数ライン入力が必要な製品
- －単一ライン入力が必要な製品

- ・発注書印刷
- －連続用紙
- －単票

・発注メール
ー同封
ースタンプ
ー配送

　労務費および原材料費が上記の活動で消費されたことが，詳しい調査により明らかにされた。

　数回の購入注文プロセスを基準化した後，平均コストを測る。企業における購入注文入力処理の総平均原価は75ドル，もしくは購入注文の創造につながる活動原価である。

　システムに入力された全購入注文は，取引処理毎に追跡される。合計コストを知るために必要なことは，購入注文平均原価と入力される購入注文数量を乗じることである。

$$\frac{購入注文入力数}{125} \times \frac{原価}{\$75.00} = \frac{総原価}{\$9,375.00}$$

　コストを製品レベルまでさかのぼって直課するために，部品毎に取引活動を区分する。
　それから，製品製造に使用される特定活動部分とコストをそれぞれに応じて把握する。

　前述の例は，企業がコストを認識するだけでなく，コストを上手に管理することにも関心があることを示している。総原価削減に積極的に挑戦するこの調査には時間がかかる。更に，コストを決定するために活動と取引を結びつける方法が，活動プールのような企業内の多くの機能に適用されることが必要となる。

```
┌─────────────────────────────┐
│        活動プール            │
│                             │
│        会計報告              │
│        工学技術              │
│        出荷                  │
│        在庫                  │
│        販売                  │
│        管理                  │
│        製造                  │
└─────────────────────────────┘
```

　活動基準原価計算システムは原価を管理するために，忍耐強くて継続的なデータ収集に依存している。我々は通常，実施計画の中で月毎に1つか2つの原価プールを調査するように推める。もしかすると，あなたの企業はもう既に活動基準原価計算を丸ごと導入したかもしれない。

原価報告活動を機会領域毎に区分する

　原価構造を定義し，活動原価を収集する方法を導入した後，次に報告活動に注意を向ける必要がある。組織の究極の使命は利益を得，競争力を維持することなので，原価システムとはこの目標をうまく達成できる機会領域を報告することである。

　機会領域の数が多い場合もあり，最も優れた機会領域を見つけるのはチームに任せるべきである。あるチームは品質が最高の機会を維持し，他のチームは納期内の配送が重要な機会領域と決定するだろう。

　経験的に言えば，その領域は企業毎に異なる。労力を集中する領域がひとたび決まると，活動原価の調査結果を最もうまく開示し伝達する方法を検討する必要がある。以下の重要な要素は報告書の形式の中で考慮される。

> ・非付加価値コストと付加価値コストの区分
> ・報告書を出す経営階層の特定
> ・責任の明確化

　結果を報告する時に，自身で否定的な結果を示さないように注意すべきである。改善の責任を取る人達が励まされるように，より良い結果に報告書が貢献すべきである。最善の方法は付加価値活動と非付加価値の区別を示すことである。

　報告を受け取る経営階層は，活動基準原価計算の重要な要素である。報告された結果は各経営階層に意味があり，具体的目的のため各経営階層に伝達されなければならない。どんな方法をとっても，継続的改善に向かわないような報告書の山積みの下に人々を埋もれさせてはならない。報告書は経営者の要求，監督者の必要性，従業員チームの業績と一致しなければならない。例えば，ある部門の作業屑のコストは機械オペレーターにはほとんど意味がない。部門の作業屑のコストに関する報告は部門の全業務から得られる結果から構成されている。機械オペレーターは責任を負っている特定作業領域中での業績結果だけを確認する必要がある。

　チームの最後の仕事は，報告結果に誰が責任を負っているのかを決定することである。個々の報告結果の責任をメンバーが負わないなら，経験上業績は現状維持かそれよりも悪化する。責任について言及するのは，犠牲者を指名するということではない。そうではなく，構成員に作業領域の責任を持たせ，成果が測定されるべきである。その時，手元の報告書で業績を分析し検討することができる。目的は結果を基礎に改善計画を決定することである。責任を課すこのシステムは作業現場だけでなく組織全体を通じて正当なものとなっている。

新しいコスト構造の創出のため現存システムとすり合わせる

我々の多くのクライアントが，新しいソフトウェア・パッケージを作るか購入する必要があると考えて，活動基準原価計算を導入し始めている。しかし活動基準原価計算が単に能力の拡大であり，現在のシステムを修正することでより良い結果が得られると信じられている。必要とする主要な調整が，新しいレポートを作ったり新勘定の追加をすることはよくある。活動基準原価計算の必要条件と現存のシステムをすり合わせることは明らかに可能である。

一方，我々は現在の財務報告システムを変えることを勧めない。財務業績の多くは，次のリストが示すように，外部の目的のために報告されている。

- 監査人
- 所得税
- 株主

現在のシステムはこうした外部の必要条件を満たすだけでなく，如何なる方法でも変更されるべきでない。活動基準原価計算は厳密に内部の報告システムであるべきである。実際の総原価をより正確に内部レポートが反映しているかどうかについて，監査人は注意を払う必要がない。もちろん，内部報告書と外部報告書の間に関係はあるが，内部報告書は業務の支援を目的としている。

活動基準原価計算に基づくコスト情報を報告するのに役立つ他の2つの手段がある。それは優れたレポートライター・プログラムと配賦プロセスである。ソフトウェア・システムの一部としてレポートライター・プログラムを使用して，次のような有効な活動基準原価計算報告を作ることができる。

- 財務諸表ファイルからの抜粋

第4章 原価活動を識別する　105

- 報告対象としての経営階層の明確化
- 勘定構造の弾力性の考慮

配賦プロセスによって，経営者は現在実績報告書に記載されていない原価要素を計算することができる。配賦とは次のように実施されるべきである。

- 勘定の分割と統合
- 統計上の記録
- 統合
- 財務勘定と非財務勘定

活動基準原価計算システムのために指摘できるのは，生産能力図である。この図では数字の羅列の意味を理解する必要がない。従って，企業がどのように経営されているかをよりよく理解することが活動基準原価計算の根本である。次章で，この新しい原価手法がどのように開発されるかをさらに探求していこう。

訳者注⑧　組織成果
　組織成果は一般的には、利益、付加価値があげられる。ここでは組織収入から組織運営コストを控除した実現利益を表す。

第5章

製品／サービスの原価算定手続を確立する

この本の冒頭にあった野球の例え話を再度考えてみよう。ワールドシリーズ最終戦の最終回でウィニングランの走者をホームベースに向かわせるよう，三塁コーチが手を回すか決めようとしている状況を想像してみよう。彼が誤った意思決定を行うと，チームはこのゲームを失うだけでなくワールドシリーズも落としてしまう。これと同じことが，伝統的原価計算にも言える。この手法は不正確であるだけではなく，ビジネス上，有害にもなり得る。この手法をとると誤ったデータを生み出すかもしくは誤ったデータを収集し，誤った意思決定の引き金を引いてしまう。

我々の意思決定は最終的な利益に影響を与えるので，組織活動上の意思決定をスムーズに行うのに必要かつ正確なデータを収集することから始めなければならない。

世界クラスの企業を目指す組織では，問題点が評価され，何らかの解決策がとられる。今日では，このような解決策は，チームプレーの形をとって行われる。著作の "People Empowerment: Achieving Success from Involvement" の中で，Pro-Tech 社の Wayne Douchkoff 副社長は，チームの結成と運営方法のノウハウを示している。この本によれば，「あらゆる企業の使命」は，「問題を解決し，機会を発見するための参加と権限委譲」である。

不正確なデータに基づいて重大な問題を解決することに対して，このような多機能チーム・アプローチの採用が成功につながる。我々が提案するのは，財務指向型編成のチームである。このチームが挑戦するのは，経営意思決定プロセスで使われる原価データの精度を改善することである。本章では，まず，製品／サービスの原価算定式を導出する。次にこの式の構成要素を検討し，これを最も効果的に使用するための考え方を説明する。これらの作業は，正確なデータを基にしている。この点を強調しすぎることはない。精度の高いデータである程，情報の品質は向上する。Peter Grieco が一貫して強調するのは，多くの企業が「データ過多，情報の脆弱性」に陥っていることだ。

間接費方式から直接費方式への転換

　従来から原価の算定手続上，製造間接費は分かりにくい要素であった。実際の製品・サービスに間接活動を結びつけることに経営者はあまり労力を割いてこなかった。

　これは主に間接活動の本質に起因していた。通常，間接活動の対象となる組織上の機能は実際に生産するのではなく，生産の支援である。従って，間接活動の認識上の難しさは製品毎に分離できないため，単一製品の総原価に間接活動を対応させることはできない。以下に示す例は，間接活動の典型的な機能や活動に関連したものである。

機能		
製造活動	サービス活動	活動
材料運搬	メールルーム	材料の配送／様々な作業中心点や操業中心点へのデータ
検査担当	データ入力	様々な作業中心点や操業中心点を通過する製品の品質検査の実施
監督	監督	製造される各製品・サービスの支援
生産立案	顧客サービス	様々な製品・サービス活動の立案
保守	サービス部	機械・施設の修理，予防保守の実行
サイクルタイム生産	サイクルタイムの管理	各ライン・施設・設備等の技術変更の実施

　周知のようにこのリストにはキリがない。恐らくこのようなことが一因となって，間接費を取りまとめて直課する方法が分からない状況で伝統的原価計算に頼り続けている。これこそが活動基準原価計算を採用する要因である。

　活動基準原価計算は実際の活動に焦点を合わせ，各製品・サービスに現実的な比率でコストを直課，あるいは配賦する最善の方法を決定する。**まず取り組むべきは，各人が入力すべきデータ量を削減する手法を決定することである。**原価算定手続を支援する計算に努力が払われる。ここで，前記の表で識別された機能や活動を使い，本書の狙いに注目してみよう。次の例で示しているのは通常間接費と認識されるコストを直課する手法である。

機能	活動
材料運搬とメールルーム	これらのコストは製品・サービスにおける労力の適正な配分係数に基づいて配賦される。提案する方法は，移動された部品数，あるいは配送された手紙総数と生産された製品数，あるいは提供されたサービスとの関係に基づく配賦係数を決定することである。労務費と設備費を含む総原価にこの係数を適用できる

例；総原価＝＄7,879（月間）

表5－1

品	製品数	部品数	移動回数	比率	製品原価
A	300	750	225,000	8%	＄630
B	75	1,000	75,000	2.9%	＄158
C	5,000	480	2,400,000	89%	＄7,012
D	25	100	2,500	0.1%	＄79
			2,702,500	100%	＄7,879

機能	活動
検査/データ入力	このコストは，原価要素として直接収集されるべきである。操業場所での品質チェックは作業と同様に分析されるべきである。このコストは予測され，標準原価の一部となる。

機能	活動
監督	これらのコストは，必要とされる製品個数か，供給されたサービスを基礎に配賦される。生産性は，製品が生産される標準時間で決定される。

表5－2例：監督者のコスト

監督者	日給	製品	標準時間	比率	コスト
#1	＄96	A	400	53%	＄50.88
		C	300	40%	＄38.40
		D	50	7%	＄6.72
			750	100%	＄96.00
#2	＄120	A	350	32%	＄38.40
		B	750	68%	＄81.60
			1,100	100%	＄120.00

機能	活動
生産計画立案と顧客サービス	これらのコストは，製品の生産のために発注された注文数や購買活動に基づいて配賦される。
保守サービス部門	これらのコストは，修理・保守サービスに直課される。実施されないサービスは，生産量，時間，注文等の適切な基準で配賦されるべきである。
機能	活動
サイクル・タイム生産と管理	これらのコストは，技術変更を実行した製品か，サービスに直課される

　配賦に関する手法はどれも製造間接費を完全に把握していない。完全な配賦手法を見出すのではなく，我々が強調するのはデータの正確性を改善する最善の手法をもたらす算定式を独自に選択すべきだということである。一度そのような手法や算定式が自社で確立されれば，月次であれ，毎週であれ，自分の選択したスケジュールに則って必要な計算を現在のシステムに実行させるようにエネルギーを集中すべきである。原価管理の目標は，製造間接費を削減し，コンピューターを使って可能な限り製造間接費を直課することである。

製造間接費の中身を調べる

　我々のコンサルティング業務やセミナーで原価管理者に尋ねるのは製造間接費の内容である。こうするとある人はニヤニヤするか，黙り込んでしまう。そうでなければ，せき払いをして口籠もり，これまでの慣習を正当化しようとする。中には，議論することさえ拒否して，歩み去る者もいる。また，製造間接費の不適切性を認める人も多少いる。中には製造間接費を削減することの難しさを我々に訴えてくる人もいる。
　製造間接費は標準原価（訳者注⑨）算定の目的に適うと信じられている。しかし，製造間接費の構成要素の大多数が算定手続に属さないと言うのが，我々の見解である。実際，構成要素の多くは製造間接費の仮面をかぶる無駄であり注意の対象にはなりにくいのである。改善プログラムを持つ世界クラスの企業

が焦点を当てるのは，無駄の削減である。

このような企業で原価管理の対象となるのは，無駄の内容の識別であり，これによって削減の機会を企業に注意喚起する。

製造間接費の構成要素を決定するために製造間接費をまず分析し，この結果から無駄を識別できる。では無駄とは何か。我々は次のように定義している。

> 無駄：
> 製品に価値を付加する人員，機械，資材等の最小限の投入資源を超えるもの。

製造間接費の構成要素は企業毎に異なるが，製造間接費の一般的な定義は直接材料費と直接労務費以外の全てのコストである。従って製造間接費がほとんどの製造作業において最大の原価要素であることは驚くにあたらない。これらのコストは適切だろうか。答えは「イエス」である。製造間接費は製造原価に影響を与えるが，この製造原価は企業の成功を決定する利益に影響し，この利益に影響を与えるマージンに，製造原価は影響する。価値の付加と認識できる製造間接費の構成要素を，当該活動に直課することがポイントである。この全構成要素が活動に価値を付加しない場合，構成要素は削減されるべきである。企業の全コストは当該企業が販売する製品を製造，もしくは支援する活動に跡付けるべきである。

組織で実行された活動について製造間接費勘定に借方記入するのを最終的に止めた場合，何をどうすべきか検討しよう。まず，特定の機能として例えば販売，エンジニアリング，品質，財務，メンテナンス，資材，マネジメント，輸送のような活動を考えてみよう。特定の機能の活動は製造原価に関連するのであろうか。

仮にそうなら活動を評価しこれらの活動を利用した製品に適切に配分すべきである。すでに述べてきたように，メモを手にして，目標の機能に向かうチームを組織することを薦める。このチームの道しるべとなるデータを収集し，実

施された活動を調べて製造原価に関連する活動と，そうでない活動を認識する。

コンサルタントをして驚くのは，企業がこれを行ってないことである。大多数の企業がチームを利用する目的は，製造現場での活動や業務を調査することであるが，何らかの理由でこのチームは管理機能と間接機能を変えようとする行動を決して採らないのである。活動基準原価計算の目的はこのような組織におけるコストの発生を伴う製造活動を変えることである。

ここで議論を分かりやすくするために企業の購買機能を考えてみよう。下記の例は日々の活動をどのように購買機能が実行するかを示す。

- 電話—内線・外線
- 注文処理
- 材料要求計画の注文／実施報告の検索
- 注文の入力
- 注文の伝達と書類のファイリング
- 郵送注文
- 催促
- データベース・メンテナンス
- 会議—社内計画
- 納入業者との打ち合わせ
- 調査・監査の実行

勿論，このような活動は企業毎に異なるが，上記の例は一般的な活動である。自社で現在どの活動が行われているのかを決定する最適な手法は，購入機能の活動を観察することである。活動リストを作成後，チームが決定するのは活動を実行する際にどの資源が活動に関連するかということである。ある機能の活動を実行する際に利用される資源は，製品に結びつけて識別し，把握し，配分する必要のある原価要素である。そのような経営資源のリストを以下に示す。

- 労働——時間外に職務を実行する人員
- 意思伝達——電話，ファックス，電子データ交換，テレックス
- コンピューター——データ入力，照会，印刷
- 機器——タイプライター，計算機，郵送用品，コピー
- 消耗品——事務用消耗品，用紙，フォルダー，箱，ペン，鉛筆，メモパッド

 上記の各資源により，購買機能に関連するコストが発生する。下記の費用はこのような機能と同様に認識し，把握されなければならない。

- 旅行費
- 施設費
- 光熱費
- 取得費
- 設備費
- 通信費

 周知のように，活動基準原価計算システムは部門を運営する総原価を認識する。これまで認識してきた多くの原価要素を直接把握できる一方，他の原価要素は予定比率で配賦される必要がある。本書で示したシステムは全ての購買コストを製造間接費として認識する伝統的システムとはかなり異なる。いったん，購買コストが製造間接費の中に埋もれてしまうと，もはや製品にも跡付けできず管理費にも関連しなくなる。活動基準原価計算が求めるのは，製品にコストを関連付け，製造間接費を削減するようにスタンスを変えることである。

コスト算定で，コスト配賦の仕組みを利用する

　現在の原価システムの一部分として，集計された種々の費用要素は詳細な水準にまで配賦され，適切な許容幅が認められている。しかし，この幅は通常非製造原価であり，製造原価ではない。賃料，用益費，メンテナンス，固定資産税などの費用は，通常当該部門かコストセンターのレベルで配賦される。

　活動基準原価計算が求めるのは，製造原価レベルでリストアップされる費用の配賦プロセスを大幅に拡大することである。製造レベルまで遡って製造費用を効果的に〝**区分**〟し〝**再集計**〟する配賦プロセスこそ，活動基準原価計算システムでのドライバーたり得るものである。

　活動基準原価計算システムでの**区分**は，次のように定義される。即ち，区分とは**コスト配賦を目的とする総勘定元帳から，業務カテゴリー（品質コスト，在庫コスト，販売コスト等）毎に類似の費用を識別し，結合する過程**である。

　再集計は次のように定義される。即ち，再集計とは**業務報告，業務分析，問題解決のため特定範囲の費用を製品レベルに再配賦する過程**である。

　原価管理者がこの手法を使う重要な目的は，付加価値を生まないコストや利益を食いつぶす無駄な活動に組織が焦点を当てるのに役立つ業務報告を開発することである。活動基準原価計算システムが最も強調するのは，原価管理者が作成する原価報告書の内容を充実させ，この報告書のニーズが広がっても，より現実的で適切かつ柔軟なレポートを作成する能力を養うことである。しかし，実際にはここに問題がある。データ収集は高くつく。製品レベルまで跡付けて報告される全原価データを獲得しようとすれば，データ収集コストは実現できそうなコスト節約額と等しいかもしれない。

　活動基準原価計算システムは必ずしも全ての費用を直接製品レベルにまで認識できないし，すべきでもない。しかし，可能な限り，論理的に，正確に，実務的に各費用を割り付けることに意を尽くすべきである。以下に述べる原価割付についての議論は，経営管理を支援する報告書に原価データを収集し，配分

する能力を強調する。このような原価割付は的確なコスト削減機会を映し出す。

原価割付プロセスはデータの出所を理解することから始まる。このデータは報告結果の信頼性を強調するために利用を計画していたものである。下記のリストは，このような出所を説明している。

総勘定元帳

原価割付のための主要なデータ源は，総勘定元帳に記録されている。特定の費用や，集合勘定の合計値は，元帳で分割され個別の勘定に処理されて使用される。

統計データ

原価管理者が個別に統計データを用いるのは，総勘定元帳では入手できない情報に基づいて原価割付手続きの計算を実行できるようにするためである。統計データには人数，施設面積，取引回数などの数値や，労力や無駄等の比率も含まれる。

既割付額

割付金額が記録され，原価割付手続きを通じて追加的な原価割付が実施される。一例として，製品レベルにまで機械利用の原価割付が行われる。その後同一製品への機械保守費を割り付けるためにこの割付額が使われる。

予算／予測

予算や予測のファイルを使う目的は，この数字を実績と比較することであり追加的な原価割付の際に使われるアウトプットの実績か比率を作成する。

取引ファイル

取引ファイルにより，活動か機能の発生回数を把握し，より的確に製品にコストを集計する原価割付手続の比率を作成できる。

このような資源の全部もしくは一部を使う目的は，製品やサービスのレベルにコストを割り付けることである。原価管理者の職務とは，より精確で分かりやすい結果を計算する際に役立つデータ源泉を探索することである。原価管理者は現在のシステム内にこのようなデータ源泉があれば容易にアクセスできるが，伝票仕訳のように手動で総勘定元帳から入力するシステムでは外部からデータ源泉に簡単にアクセスできない。

原価システムは，ユーザーの必要性に合致すべきであり，それ以外のものには合致する必要はない。柔軟な活動基準原価計算システムのポイントが下記のチャートに示されている。

図5－2
原価割付フローチャート

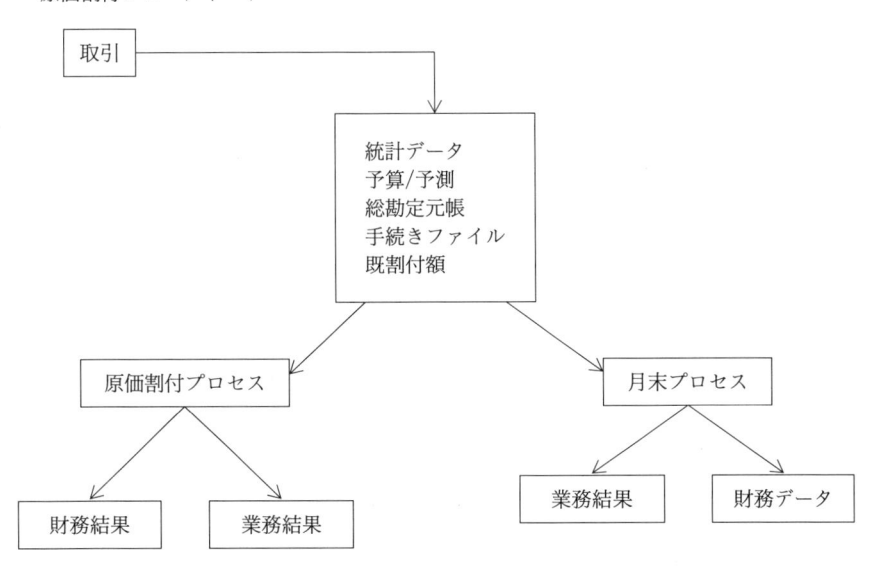

```
              ┌──────┐
              │ 取引 │
              └──┬───┘
                 │
        ┌────────┴────────┐
        │  統計データ      │
        │  予算/予測       │
        │  総勘定元帳     │
        │  手続きファイル │
        │  既割付額       │
        └────┬────────┬───┘
             │        │
    ┌────────┘        └────────┐
    │                          │
┌───┴────────┐          ┌──────┴─────┐
│原価割付    │          │ 月末プロセス│
│プロセス    │          │            │
└──┬─────┬───┘          └──┬──────┬──┘
   │     │                 │      │
┌──┴──┐┌┴─────┐       ┌────┴──┐┌──┴────┐
│財務 ││業務  │       │業務   ││財務   │
│結果 ││結果  │       │結果   ││データ │
└─────┘└──────┘       └───────┘└───────┘
```

留意すべきは，活動基準原価計算システムが月末決算手続きに統合される方法である。他のシステムとは異なり，活動基準原価計算システムは月末決算結果を算出した後で調整されるようには設計されてない。活動基準原価計算により，必要な時に結果が入手できるので，財務結果・業務結果はともにビジネス

の意思決定に活用できる。

上記のシステムは一定のルールやパラメーターによって影響され，このルールやパラメーターは，各原価割付に必要な計算を実行するロジックから生まれる。活動基準原価計算がコンピューター・システムの一部になっていない場合でも，これらの結果がファイルに保存され，プロセスに簡単にアクセスできる必要がある。各企業は，必要性と柔軟性の程度に応じて，このシステムに様々なルールを課している。以下に示すルールから，何が必要であるかが分かる。

原価割付順序

どの割付手法を利用するか，いつ行うかをこのシステムが決定し，認める。連続する番号を使い，以前に行われた原価割付に基づきこのシステムが実行される。

組織から／組織へ

法律上の独立した主体間で，実施される原価割付手続きを認識する。このパラメーターの基になるのは相殺勘定であり，これは「企業から」と「企業へ」の残高の記録を確認する。原価割付が企業内部で行われると，このパラメーターは不要になる。

相殺勘定

原価割付手続きがデータと共に法律上の独立主体間で実行されると，帳簿上の残高を記録するために相殺勘定を使用しなければならない。同一の法律上の主体間だけで原価割付が行われる場合，相殺勘定は不要になる。

開始勘定／終了勘定

コストを収集し始める勘定番号とコスト収集を終了する勘定番号を認識する。これにより，このシステムは各勘定を別々にリストアップせずに，一連の残高勘定に集計する。仮に勘定が連続してナンバリングされてない場合，ユーザー

は各勘定を個別にリストアップする必要がある。

原価割付方法
結果を算出する際に，どの手法が使われるかを識別する。このシステムのユーザーはこの結果が現実的であれば，可能な限り独自の方法を使う。

仕訳帳から／仕訳帳へ
原価割付時に，このシステムは同一システム内に現存する各ファイルを必要に応じて参照し，更新できる必要がある。データは，総勘定元帳，予算，予測，統計ファイルのような特殊仕訳帳ファイルに記録，把握，計算，更新される。

割合／金額
原価割付手法に応じて，このシステムによりユーザーは割付原価額を計算する際に使う固定比率か金額を予め決定することができる。

手続きを管理するルールや適切なデータ・ファイルを使い，ユーザーは製造コスト測定のための原価集計値から詳細な原価要素までの双方のデータを使う準備が出来る。ここで，今後のポイントとなる原価割付システムの内容を，例を使い説明しよう。

例：購買コストの割り付け
購買機能に関連する費用は，バイヤー，事務員の給与，人事部門で使用される消耗品の費用等として認識されてきた。この種々雑多なカテゴリーは，伝統的に製造間接費として把握されてきた。

活動基準原価計算は，製品レベルに遡って製造間接費を割り付けることにより購買機能に関連した真の総原価に接近しようとするものである。これらのコストは，組織全体によって使用される資材購入プロセスに関連した原価要素の一部となっている。

購買手続きに関連した原価要素とはどのようなものか。

この疑問に答えるには，購買で日常的に起こる活動は何かを見出す調査が必要である。このような活動の中には，明白なものもある。例えば購買部門の人件費や費用として直課される消耗品である。しかしこれまで見てきたように，ある費用には明白でないものもあり，原価システムによって収集されない費用もある。活動基準原価計算の原価割り付けプロセスを通じて，このようなコストがどのように把握されるかについて見ていこう。

光熱費
コストを面積に跡付ける。

コンピューター・コスト
コストを取引量に跡付ける。

通信（電話，ファックス等）コスト
接続時間に跡付ける。

設備費
コストを減価償却スケジュールに跡付ける。

コピーのコスト
コストをコピーした文書量に跡付けること。

取得コスト
コストを製品の外部調達や内部調達に関連する活動量に跡付ける。

各コストは，購入コスト合計のような統合勘定で集計され，特定の製品に配賦される。

購入コスト合計を特定の製品にどのように跡づけるか。

　コストを製品に割り付けることは，製品をコスト勘定に関連付けさせる巧妙な手法に基づいている。購入する際，製品毎の購入注文数か取引数を通じて，この関係を確立できる。このような関係はどちらも製品の資材を購入するのに費やされた労力に基づいている。特定の製品に割り付けるべき総原価の割合を決定するために，まず，購入注文（取引）数と購入注文（取引）総数との比率を決める。この比率が使用される割合になる。

　活動基準原価計算は，月末決算手続き中に上記のように説明された割付方法を使う。一部を夜間に処理して，日次ベースで原価割付を行うことができる。要するに，目的はできるだけスピーディーに業務結果を組織に提供することであり，ここではデータを用いて分析と問題解決を行わなければならない。

　全コンピューター・システムに必ずしも本章で述べたような能力があるわけではない。原価管理者は現存の配賦能力をよく理解すべきである。それが不適切であれば，新しいソフトウェアに買いかえるべきである。求められているものを考え，世界クラスの活動を支援するシステムを探すべきである。しかしシステムで全てを解決しようとする考え方には注意すべきである。活動基準原価計算では，業務がどのように機能しているかについて多数の入力が必要である。どのようなシステムであっても，そのシステム自体で全ての情報を知ることはできない。

製品ラインの収益性を明らかにするため，製品コストの構成要素を広げる

　製品の収益性の鍵は，製品に付加価値を加えない原価要素を排除することである。このように利益を生まない製品は，生産ラインから排除されるべきである。不運なことに，これは実際よりも簡単に見える。多くの会社では製品の収益性を明白にする原価システムがない。この原因はコストを集計値のデータと

して収集し報告することにある。従ってある製品の製造コストは，その製品が収益を上げているか否かに拘わらず，全製品のコスト総額に含まれてしまう。

このような原価計算では，製品コストの真の要素を的確に表さないことが多い。製品の中には製造間接費を不当に多く負担しているものもあれば，逆にそうでないものもある。活動基準原価計算はコストの不公平な配分を排除し，適切な比率で適切な原価要素だけを取り上げて製品にコストを付加するものである。同時に活動基準原価計算は製品に価値を付加しない活動を評価し，その活動を削減するか排除する。

無駄を生み出す活動のコストは，根本原因を確認し代替案となる解決策を考える改善プロセス上で明確にされなければならない。活動基準原価計算はこのような視認性を増すように，製品コストの要素を拡大してリスト・アップする。原価要素を拡大したリストの例を見てみよう。

調達コスト

・獲得コスト

・委託コスト

・注文入力コスト

・請求コスト

・維持コスト

・コンピューター使用時間コスト

・情報伝達とファイリング・コスト

これらの原価要素は全て定期的に見直され，検討されるべきである。上記の各要素で使われる労力や資源を削減する機会は存在する。

本章では，購買機能だけを見てきたが，コスト削減努力を支援するため社内の全機能について同様の調査・研究をすべきである。コスト削減の鍵は，組織を運営する真の総原価を明確にすることである。どのようなコストがあるのか自社の製品にコストがどのように影響するかが各企業で明確にされると，社員

が協力してコスト削減に貢献するために取り組むと我々は確信している。

訳者注⑨　標準原価
　特定製品を製造するために発生する原価を、「科学的に予定した」方法で推定した原価を標準原価と呼び、達成目標となる客観的で規範性を有する原価である。

第6章

世界クラスの敏速な製造環境における原価管理責任

原価管理者の役割は世界クラスの敏速な製造環境に応じて拡大する。我々は財務実績と報告書を作成して検討するだけでなく，財務実績を改善するために参加する。

　財務管理者は，経営目的を測定する尺度を決定する重要な役割を果たす必要がある。財務管理者は原価要素を識別し，報告対象にさかのぼって追跡するよう務める必要がある。財務実績が意思決定と行動修正のため適切な組織階層に伝達されていることも，原価管理上保証されるべきである。これらの努力の背後には，組織のコストを低減し，削除するように従業員参加を促進する力がある。

　換言すれば，原価管理の責任はもはや業務成績の収集および報告だけとは定義されなくなっている。今日のビジネスでは，組織の成功は原価管理者がどの程度積極的ビジネスに参加するか，あるいはコストを削減するかに依存する。業績に相当する数値を処理するだけでなく，業績の背後にある要因を見出す時が来た。以下の点を自問して，過去の業績の内容を確認する時が来た。

- 誰が業務成績をあげるのか？
- どの機能領域が業務成績を達成するか？
- 組織は業績を理解しているか？
- 業績と評価尺度が改善のために用いられているか？
- 業績はどの程度適切であるか？
- 業績は毎日の業務報告を反映しているか？

　上記の質問が全ての組織階層の参加と関与を要求することに気づく必要がある。業績について誰も責任を取らなかったり，気にしないような姿勢はもはや許容できない。敏速な組織では，我々は誰かがこう言うのを聞く余裕はない。「私ができることは業績データの準備だけです。もし，誰も業績データを使わないならば，それは私のせいではありません。」活動基準原価計算システムを使って業績データを利用するシステムの開発が重要である。人々は業績を理解

するであろうか？　それは適切であろうか？

　この章は，継続的な改善への要求に直面している環境で，原価管理の関与と責任を扱っている。それは，今日ほとんどのビジネス上で直面する状況である。我々は，最大の利益をもたらす領域や活動に改善努力の焦点をどのように当てるかという方法を，個々の組織に提示したい。このような方法を見出すのに長時間かかった。我々のプロセスでは，機会，ゴール，および利益を現実的に反映するデータに基づく意思決定プロセスを導入して，焦点を当てるべき場所を示すことができる。さらに，これらの機会を認めるだけでは十分ではない。経営者は組織への関与と責任が組織全体に割り当てられるように取り計らわなければならない。またプロジェクトが始まる時はいつでも，チームがプロジェクトの開始と停止日付の問題に関与し，経営者は最終的なプロジェクト期間の割り当てを確認すべきである。最善の機会を探索し，現実的な目標を設定し，コスト対利益を表示するデータを組織に提供することが原価管理者の責任である。

敏速な製造におけるコストとの関連性

　改善に焦点をあてることは，未来への期待を意味している。積極的な姿勢が今日の業界に必要である。企業は21世紀の製造業におけるコストの関連性を考慮することに取り組むべきである。現在，敏速な製造として知られている次世紀の製造業のビジョンが視野にある。多くの読者は3日で生産される日本車の要求をすでに耳にしている。3日間で生産される車は「日本の製造業21」プロジェクトにより開発される敏速な製造業の一例である。本家により近い他の例が，G.Mのサターン，ベネトン，およびウォールマートである。

敏速なアイディア

サターン

　計画生産において，サターンはディーラーの在庫注文を「イメージ」する

か，または創造する。それから小売業者は顧客の要望に従って，即時にその注文を変更する機会を持つ。新しい仕様書は，サターンの工場の生産計画に直接報告される。

ベネトン

糸染めした後にセーターを編む代わりに，ベネトンは中間色の最終製品としてセーターを生産し，それから色の市場需要にあわせてセーターを染色する。

ウォールマート

ウォールマートは個々の店から供給者に直接注文させる。この方法を使って，ウォールマートは在庫25％で，高いサービス水準を維持する。会社は，また在庫補充期間を6週間から36時間まで減らすことができた。

我々が経験しているのは，ジャスト・イン・タイムと総合的品質管理によって実証された無駄なく柔軟な方法によって，工場フロアだけではなくまさに会社全体の業務を包括するスタイルにパラダイムがシフトしている点である。我々は表6－1でこれらのパラダイム・シフトを要約した。

表6－1（パート1） 敏速な製造――パラダイム・シフト

敏速な製造　パラダイム・シフト	
無駄なく／柔軟	敏速
・在庫を削除 ・ムダを削除 ・スケジューリングにおける柔軟性 ・短縮されたリードタイム ・製品とサービスの6シグマ品質 ・同一製品の大量生産による単位原価の低減	・在庫0 ・ムダ0 ・毎日の販売により決定 ・最小のリードタイム ・品質と信頼性は全体のライフ・サイクル・コストの尺度から測定される ・以下からの低い単価： 　　――モジュール式の生産設備 　　――容易にプログラム可能な装置 　　――情報システムの企業内統合 ・個々の顧客のための仮想製品

・工場フロアに注目しスループットを重視	・企業全体のサイクル・タイムに注目
・従業員への仕事指向の訓練	・最大の能力と創造性のため，従業員を企業全体で訓練
・主要な財産としての装置とテクノロジー	・主要な財産としての従業員
・コストを含む資源の効果的な使用	・社会的責任 　——製品は再利用と再生にデザインされている 　——製品転換機能に焦点があっている

表 6 – 1（パート 2） 敏速な製造 —— パラダイム・シフト

敏　速　な　製　造　パラダイム・シフト	
無駄なく／柔軟	敏　速
・明確に定義された役割 　——顧客 　——競争相手 　——供給者 　——生産者／提供者 　——利害関係者	・仮想企業の要求により，定義されるような役割を常に変更する
・広い視点の市場視野：規模の経済	・範囲の経済：より小さいニッチにまでサービスすることに注力する
・変化のインパクトにもろい：1つの目的に最適化 　——集中工場	・最適化された変化： 　——装置 　——人 　——情報システム 　——供給者 　——経営管理システムと構造 　——テクノロジー
・製品デザインが厳密で，多くの変化や改良後に「凍結」 　——付加価値アプローチ	・製品は次のように設計される： 　——生産容易性 　——保守簡便性

	——分解容易性
	——再生容易性
	——改良容易性
	——再利用性
・製品は内部的に統合されて設計される	・サイクル・タイムの効果性を最大にするよう設計された製品
・業務上焦点をあてる：	・戦略的に焦点をあてる：
——短期財務業績	——長期的業績
——償却をできる限り長期化し現状を維持する	——分権化
	——動態的な企業組織

　敏速な企業には会計システムと財務システムが必要で，これらはコストを製品とサービスにより正確に割り当て，戦略的な決定をするために必要な原価情報を経営者に提供する。活動基準原価計算は，これらのニーズを満たしているシステムである。将来，進歩を識別するために時間基準の尺度を設定するニーズが高まるかもしれない。

　例えば，工学設計技術では以下の領域で進歩が測定されかもしれない。

- ・設計総サイクル・タイム
- ・技術変更数
- ・材料費
- ・労務費（直接および間接）
- ・生産サイクル・タイム
- ・試験サイクル・タイム
- ・製品あたり部品数
- ・部品規格化
- ・最初の精度合格個数
- ・必要な前生産個数と原型モデル生産個数

プログラミングを再履行するだけで段取時間が削除できるような装置の設計によって情報システムを統合化し，コスト削減に仕向ける必要がある。例えば，工具や鋳型の物理的な除去はあってはならない。機械は，企業の統合データベースから受け取る指示に従って，新しい仕事に最適配置される。このコスト節約はまた，モジュール式生産設備と製品のデザインに反映される。何人かの未来学者は，生涯に1台の車を買う可能性を見る。部品が摩耗するかまたは改善されると，部品は「サービス・センター」で交換される。どのようなスタイル変化を望んでも，顧客の車は新しいボディ・パネルに交換される。

これら全ての水平的な開発によって製造業の劇的な変化がもたらされ，企業がサービス事業戦略を採用することが必要となる。この新しいビジネスのやり方は，在庫0，ムダ0であるが，多分最も重要なことは速い応答時間や短い生産サイクルである。正確で，適時で，適切な原価情報が存在して初めて達成できる。パラダイム・シフトにより我々が敏速な製造に到達する時，活動基準原価計算は有効な道具となる。

原価管理者の業務参加の役割を拡張する

業務の重要性を判断する最も良い方法は，企業の業務区域を歩き回ることである。これは，しばしば歩き回る管理と呼ばれる。従業員と利用できるプロセス，彼らが働く職場，監督の程度等を評価しなければならない。個々の従業員に評価尺度を尋ねるべきである。彼らはこれを知っているのか？　彼らは業務を進めるための業務報告，グラフ，目標等を受け取るのか？　あいにく，これらの質問への返答には，次から次に「ノー」という答えが返ってくることが多い。このような環境でどのように改善を期待できるのか？　改善努力を推進する業務尺度を，従業員に提供する重大なニーズがある。原価管理者は，仕事を上手に運ぶために必要なデータを従業員に提供する役割を果たすべきである。

情報伝達の不具合を修正することが，世界クラスの企業になる際に最初に着手すべきことである。我々は，コンサルティング業務で改善プロセスの5ステ

ップを開発した。我々は，ムダに対してこれらの5ステップを会社の「ニッケルメッキ防御」と呼ぶ。

ニッケルメッキ防御
改善プロセスの5ステップ

　最初のステップは事務所から出て会社の業務が発生している場所に出向くことである。機会領域を捜し，ムダを識別し，ノートを取る。

　2番目のステップは発見したことを再検討し，コストを個々のムダな要素に割り当てる方法を開発することである。

　3番目のステップは測定を開始できるデータを収集し始めることである。データの信頼性については自分が作成したのと同じくらい正確であると確信すべきである。

　4番目のステップが最も重要である。業績尺度に関するプランを人々に教育する。業績尺度の意味を従業員が理解していることを確かめ，仕事が測定結果に影響する方法を確かめること。

　5番目のステップはプロセスを常に進行中のものにするべきである。業績が改善し，ムダの削除が真に現実のものとなり，単なる願望ではないと確信するまで，従業員は常に業績尺度を再検討すべきである。

　原価管理者は，企業業績に赤字をもたらすようなムダを識別するため，自分自身の訓練と組織の訓練に関与しなければならない。オフィスを出て，従業員からの支持と参加を得るには最善の方法である。しかし，外出して従業員を質問責めにして悩ましてはならない。「なぜだ？」と質問することは決しておどかすことではない。問題を理解する方法として，質問をするのが一番良いやり方である。

質問をした後に，本当に自分が聞いたことを確かめるべきである。個々の問題についてのデータと情報を要約するべきである。このような情報を得る最善の方法は，原価管理者が代表となっている多機能チームを使うことである。チームは労力が重複せず，また互いにいがみあわずに，ムダの調査のための組織を結成できることが重要である。チームの使命は改善機会を見つけ，利益を食いつぶすガンの徴候を捜すことである。以下にチームが見出すべき機会の徴候を例として示す。

機 会 の 徴 候

- 納品された製品，または実行されたサービスに対する顧客の苦情。
    - ——品質
    - ——納期
    - ——数量
- 製品は月または四半期の最終週まで生産されないか，予約注文に記録されない。
- 利用すべき機械は修理のために停止している。
- 業務全体にわたる過大な在庫水準。
- 重要な製品が在庫切れになっている。
- 文書，販売注文票，送り状等を待っているために完成品が出荷されていない。
- 陳腐化した在庫は識別されるが，それを取り除くための行動が取られない。
- 理想的なロットサイズに近づくかわりに，過度な段取や変更により大きなロットサイズとなる。
- 従業員査定はフラストレーションや相互不信をもたらす。

実際にチームが直面する問題と機会を識別するにつれて，このリストは延々と続くはずである。どの問題も，組織のコスト，競合するポジションの損失，

利益に関連する。第2章で議論したように，想定外の問題のコストを見積る時に，適合原価だけでなく不適合原価も考慮しなければならない。

ベンチマークされた原価の計算及び計算結果を内部に伝達する

改善プログラムが成功した場合は必ず，財務的に測定されなければならない。これを遂行するために，原価管理ではベンチマーキングする（訳者注⑩）個々の領域のコストが計算可能でなければならない。ベンチマーキングでは，企業は企業の内部および外部の活動を注視し，世界クラスの企業から得られる結果と当企業の結果を比較することが必要である。収集された原価資料は，改善プロセスが測定される起点になる。これらのコスト計算は正確でなければならないが，伝統的な方法で計算されなくても良い。業績尺度は多くの例から分かるように，財務指標だけで表されるわけではない。しばしば前章で見たように，過去に全く考慮しなかったり計算しなかったパラメータがあるかもしれない。たとえできるだけ客観的にデータを作成しても，業績尺度を設定するために主観的データが必要な場合がある。

一例を挙げよう。

> 組織は，過度な量の原材料在庫不足を経験している。数年間こうした事態が発生しているので，今では企業は在庫不足に対する経験を積み，在庫不足に対処する処理方法を開発した。今ラインにある製品を完成するために，在庫切れ原材料を調達できるまで別の製品生産を開始し，在庫切れ製品の生産を一時中断することである。企業は頻繁にこの状況を経験しているので，この事態が正常と考えられるようになった。従って，この在庫切れ問題を解決するために誰も積極的に働かなかった。

これは読者に当たり前に聞こえるか？　読者の組織で同様な方法で処理され

た問題を考えることができるか？　現実に生じている問題を分析し，改善プロセスを開始するための方法を提示しよう。

最初の質問は以下の通りである。

この問題が発生する頻度は？

この問題がよく発生するので，大きな問題であるかのように考えられている。もし上述の事例ならば，ちょうど製品や業務上のささいなことのような，より小さな部分に注目してみよう。例えば，頻繁な在庫切れを起こす製品を見よう。その時チームは，在庫切れが発生する回数を自動的に数えるのか，手動で数えるのかという方法を決定すべきである。このデータは客観的であり，効果的であるために発生回数の真実の姿を表していなければならない。例えば，パレート図の形式がよく使われる。

2番目の質問は以下の通りである：

原価要素や原価活動がこの問題に影響する程度は？

この問題に影響される多数の原価要素がある。この点で現実のデータを利用できない場合，主観的なデータの使用をためらうべきではない。計算結果は内部的に使われることに留意すべきである。満足すべき唯一の基準は，原価要素によって組織が改善にチャレンジするかどうかである。

例えば，何が原価要素となり得るか考えてみよう。

- 製造ラインに滞留している原材料費
- 製造ラインに滞留している製品の労務費
- 生産されていない製品コスト（機会原価）
- 在庫切れに対する請求コスト
- 計画外の技術変更コスト
- 関与する管理者または監督者のコスト
- 時間ロスのコスト

チームは，組織や特有の問題に適用可能な原価要素について自由に議論する必要があるが，上記のリストからどのようにこの仕事を実行するかというアイディアが湧いてくる。原因と結果を探索するために，要因分析図（fishbone）をこの点に用いることを提案する。

3番目の質問は以下の通りである。

個々の原価要素や原価活動のコストを決定する方法は？

原価要素や原価活動のコストを決定するためには，財務数値および非財務数値を使えるように準備する必要がある。生産ラインから取り除かれた不完全製品には，原材料費と労務費が蓄積されている。製品が完成されるまで製造ラインに滞留している時間や日数に関連する在庫維持費用とあわせて，これらの価値が原価として計測されるべきである。

請求コストは，以下に示される項目を含み，在庫切れ原材料の配達に使用された全資源のコストとして評価されるべきである。

- 人件費
- 電話代
- コンピューター費
- 貨物輸送費（特急または定期便）
- 運搬費
- 設備費

技術変更コストは通常は時間の関数であり，部品が再び入手可能になる時，製造工程を再開始するのに必要な活動を伴う。これらのコストを計算する時，生産を再開するための機械段取と作業場の準備を考慮すべきである。

原価を決定する時，管理者と監督者が関連業務に費やす時間のコストを見逃してはならない。取るべき行動の意思決定に失敗した時間のコストも同様である。このコストは，他の製品を作る機会が失われたことと関連する。

4番目の質問は以下の通りである。

どのように1回あたりコストを計算するのか？

前述の計算に基づき，在庫切れに関連した原価のリストを記録することから始める。

```
在庫維持コスト
    在庫維持コスト × 価値 × 日数
        0.0008 × 3,750 × 3 ＝ 9ドル                    9ドル

請求費
    人件費　──　標準賃率×作業時間
                18.45×15.5時間＝286ドル
    装　置　──　標準賃率×作業時間
    コンピューター　13.50×45／60＝10ドル
    電話　　　　　　4.75×3時間＝14ドル
    運搬　　　　　　22.75×30／60＝11ドル              321ドル

貨物輸送（特急）                                        44ドル

技術変更費用
        標準賃率×作業時間
        18.45× 30／60 ＝ 9ドル                         9ドル

タイムロス
    時間ロス×価値
    6時間 × 345ドル＝2,070ドル                       2,070ドル
```

合　　計	2,453ドル

　上記の計算結果は，平均作業時間と平均資源消費量に到達するために様々なシナリオの下でチームが実行した評価に基づいている。問題の一部分に，平均に対して実質的差異がある時には，加重平均値が使われる。

　5番目の質問は以下の通りである。

どのようにコストと発生原因を結び付けるか？

　1回あたり平均発生コストが決定されると，在庫切れコストを計算するためにそのコストに発生回数をかける。

```
平均コスト×発生回数
2,453ドル ×　15　＝　36,795ドル
```

　在庫切れコストは月次のコストとして原価報告結果に反映される。計算結果の多寡は重要ではない。重要なことは目標と目的が設定される時に，ベンチマークとしてこのコストを使うことである。

　6番目の質問は以下の通りである。

誰が結果を開示し，原価削減に責任を負うのか？

　コスト結果を伝達する最善の方法を決定するのは，チームの責任である。コスト結果を受け取る個人が改善に功を奏する適切なデータを持つためには，測定値を活動と関連づけるような試みが徹底的になされるべきである。言うまでもなく，コスト結果を受け取る個人を最初からチームに入れておけば，より当を得ている。

　あるケースでは，複数の機能部門がコスト結果を受け取るが，これは原価実績が改善を必要とする多数の部門に共通に必要とされるためである。しかし，原価実績から期待されるものについて正確な理解を得るには，複数の機能部門

に原価実績を伝達する時，十分に注意しなければならない。

　改善責任は，最終的に原価実績が伝達された人に帰属されねばならない。従って，このような人々は測定値の意味，目標の設定および責任のレベルについての理解を深める必要がある。最後に，これらの活動が他の部門に悪い影響を与えないことを確認するために，プロセス改善に対する全貢献活動を収集し識別するべきである。

費用対便益を明確に分析することで継続的改善努力を支援する

　既に指摘したように，原価管理者は組織内の他の機能分野や活動の原価実績を作成し，伝達に関与していなければならない。これは結果を周知させるだけではなく，継続的な改善努力の支援を得るために必要である。組織全体は，最善の結果を得るための努力に見合って，きちんと運営される必要がある。そこで，原価実績が企業目的と一致し，組織全体で企業が不適合原価を削減，または除去に集中できるように支援することが原価管理に重要である。

　多くのタイプの原価実績が作成されるが，改善努力は全て金額で表示される。これによって，組織は改善プログラムの費用対便益の一部または全部を計算できる。企業の全チームや機能部門は，比較可能性のため費用対便益基準での改善結果を示すべきである。

　ある努力の最初の測定値は全て０に設定されるべきである（図６－２参照）。プログラムの初期には資金が全然使われなかったか，または節約されなかったという事実が示されている。費用便益尺度を開発する別の条件として，改善努力と関連する全ての原価が把握され，チームの最初の会議から，プロジェクトにこれが適用されなければならない。チームが費消した他の費用と同様にコンサルティング，訓練，教育，会議，原材料の金額が，当該活動で発生する。

　発生費用の相殺は，改善努力に起因する節約額からなされるべきである。プロジェクト次第で種々のタイプの節約額が，チームがどの程度組織に貢献したかを示すために測定される。チームメンバーは，節約額の水準を示すのに必要

図6－2　費用対便益

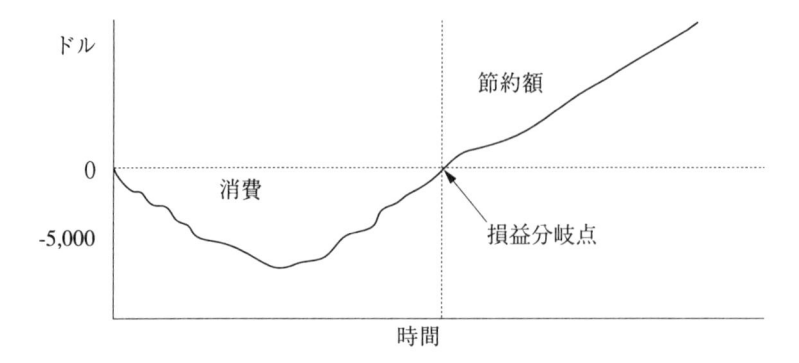

```
ドル
          節約額
   0 ┈┈┈┈┈┈┈┈┈┈┈┈╱
       消費    ╱
-5,000      ↑
         損益分岐点
              時間
```

な原価目標を原価計算担当者と議論すべきである。考慮すべき原価目標は以下の通りである。

原 価 低 減 目 標

- 労務費
- 原材料費
- 工程作業時間
- リードタイム
- 事務処理
- 段取時間
- 部品
- 供給者
- 待時間
- 移動時間
- 待機時間
- サイクル・タイム　──　管理と製造

チームの測定尺度が全て費用便益図に最終的に金額で表示されるとしても，チームが内部の使用を目的とした他の尺度を使えないという訳ではない。例えば，チームは時間，百分率，重量，数量，またはその他の改善の単位を測定尺度として利用するかもしれない。しかし，組織全体で，あるリンゴを他のリンゴと比較できるように，チームは組織内の全ての尺度を誰もが使えるように金額表示に変換しなければならない。比較可能性に加えて，金額ほど敏感な尺度はない。経営者は金額を理解する。従業員も金額を理解する。さらに，活動を積極的に改善する仕事によって，キャッシュを稼げると誰もが理解している。前述したように，組織内で行われた改善は最終的に利益に影響する。経営者は，非伝統的で非財務的尺度も同様に考慮する必要性を理解しなければならない。活動基準の測定尺度は，改善の必要がある領域を識別するのに必要でかつ詳細な結果を経営者に提供するために用いられる。しかし，もし改善プログラムが開始されないならば，測定された全結果には何の価値もない。注目されなかったり，測定されない問題は依然として残る。

投資分析と経営意思決定にデータを提供する

　組織の将来を担う投資計画を開発することによって，経営者は伝統的会計慣習を乗り越えようと挑戦する。意思決定プロセスに普通より詳細なデータを提供することが，原価管理システムに要求されなければならない。さらに，このデータは世界市場で競争するのに必要な財務数値に影響するばかりでなく，これまで議論された改善プロセスに投資するニーズも反映している。設備，装置，および労働の追加は，経営者が議論する必要のある検討課題のほんの一部である。財務企画者は，従業員参加プログラム，総合品質管理（TQM），ジャスト・イン・タイム（JIT），およびISO 9000登録をサポートするために必要な財源も予測しなければならない。これら全ての革新が，世界クラスの業務活動の達成に必要である。
　前に議論したように，戦略計画は将来のビジョンを達成するための企業の資

源配分であるため，投資計画は組織の戦略計画も考慮しなければならない。企業の将来を考慮するコストや，それを実現する財務が経営者の意思決定プロセスの全てである。世界クラスのプロセス図（図6－3）から見ることができるように，望ましい結果を達成するために組織のビジョンを発展させることから

図6－3　世界クラスのプロセス

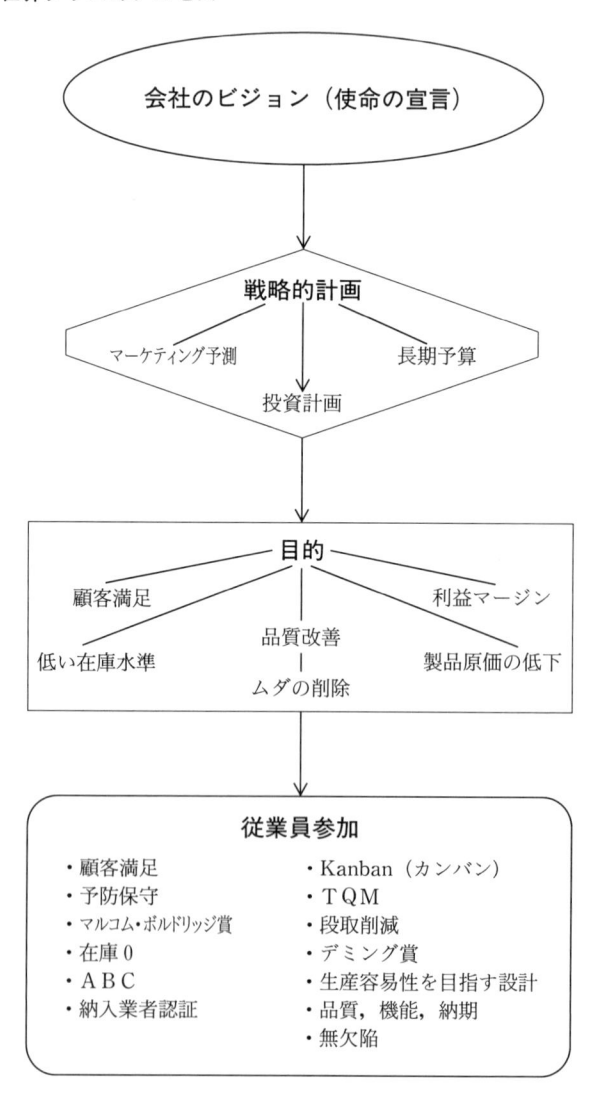

```
          会社のビジョン（使命の宣言）
                    │
                    ▼
                戦略的計画
         ／        │        ＼
  マーケティング予測  投資計画    長期予算
                    │
                    ▼
  ┌─────────────────────────────────┐
  │           目的                   │
  │  顧客満足            利益マージン │
  │        品質改善                  │
  │  低い在庫水準        製品原価の低下│
  │        ムダの削除                │
  └─────────────────────────────────┘
                    │
                    ▼
  ┌─────────────────────────────────┐
  │          従業員参加              │
  │ ・顧客満足         ・Kanban（カンバン）│
  │ ・予防保守         ・TQM          │
  │ ・マルコム・ボルドリッジ賞 ・段取削減 │
  │ ・在庫0            ・デミング賞   │
  │ ・ABC              ・生産容易性を目指す設計│
  │ ・納入業者認証     ・品質，機能，納期│
  │                    ・無欠陥        │
  └─────────────────────────────────┘
```

行動チームへ権限を委託し，目的を設定し，投資を計画するまで実行すべき活動は多い。組織全体が参加していなければならない。

　投資計画が効果的で現実的であるためには，計画コストをできる限り予測すべきである。戦略的計画の中で識別されたプロジェクトは，プロジェクトと関連した全活動のコストが見積られなければならない。この章の前半で概説したように，プロジェクトのコストと節約金額との比較を行うのはプロジェクト・チームの責任になる。組織全体のために節約額を生成するのが重要となる。世界クラスの改善努力がもたらす効果を明らかにする例を見よう。ここで選んだのは EDI（電子データ交換）またはバーコード化プロジェクトで，今日多くの企業が広く採用しているものであり，成功に必要な投資要求を計画し，予測する方法が示される。

バーコード化プロジェクト

　あなたの会社が来年バーコードを導入すると仮定しよう。伝統的な手法では，データを自動的に収集するために必要なバーコード化装置の据え付けまでのコストに基づき投資を計画することになろう。この見積はおよそ約25,000ドルであり，プロジェクトがこの時点で消滅することもよくある。バーコード化のようにプロジェクトが必ず承認される効果的な方法は，活動に基づいた評価を実行することである。この評価は短期コストを決定し，長期投資で発生する節約額に投資する計画を開発する。またこの評価によって，最小の投資額で最大の利益をもたらす設備は何かを決定するのが容易になる。しかしこれを遂行するには，プロジェクト上必要とされる全活動や設備のコストと同様に，バーコード化の導入によって将来削減される現在の活動と関連のある全てのコストを考慮しなければならない。

　例えば，在庫分野でバーコード化の導入コストを見るため，受領機能から議論を始めよう。

```
装置と活動コスト
  読み取り装置      525ドル   （ケーブルを含む）
  ウェッジ         330
  プリンタ         2,000    （ドットマトリクス）
  ソフトウェア      300     （ラベルをプリントする）
  プログラミング    528     （22ドル／時間×24時間）
  訓　練          132     （3人×22ドル×2時間）
  指導者          100     （50ドル／時間×2時間）
  付属品         1,000    （紙，ラベル，リボン）
  合　計         4,915ドル
```

プロジェクトチームは，開始に6,000ドル要求する。ここで，1カ月間でどの程度節約できるか見てみよう。

```
節約額（1カ月）
  省力化          1,320ドル  （60時間／月×22ドル）
  データ入力時間    2,160    （40時間／月×54ドル コンピュータータイム）
  付属品           20      （フォーム，ファイル，スペース）
  合　計         3,500ドル

省力化は荷札照合，ファイル，手動ログ記録等と関連する。
  データ入力時間は領収書を入力し，受領記録の訂正を行い，在庫調整をするコンピューター時間を含む。
```

この活動基準データに基づき，2カ月以内で投資に対する利益を企業が回収できるので，チームが投資6,000ドルを要求することはもっともである。ある

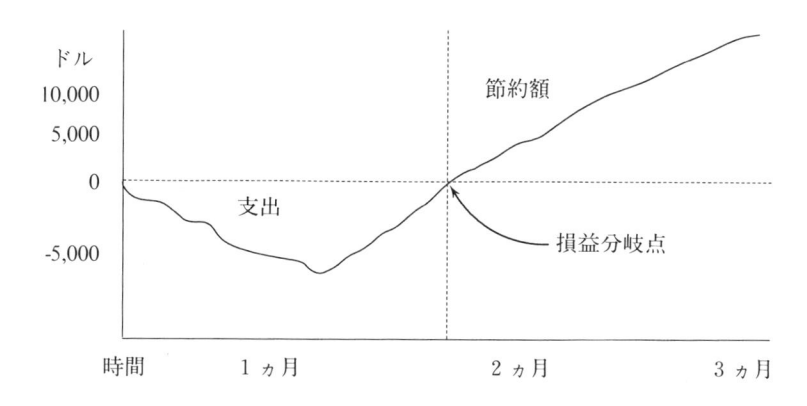

図6-4　バーコード計画の費用対便益

```
ドル
10,000
5,000
    0 ─────────────────────────
           支出      │   節約額
-5,000                ↓
                   損益分岐点

時間    1ヵ月    2ヵ月    3ヵ月
```

　一連の活動の費用便益図（図6-4）が投資と支出の動向を示している。もちろん全てのプロジェクトが，迅速に資本回収を行えるとは限らない。プロジェクトの特性に応じて影響を与える多くの要因がある。

　図6-4の節約額は実際の金額である。チャートでは2カ月未満にプロジェクトの損益が0になり，2カ月後には若干の節約額が生じ，次月以降には利益が増加するのが分かる。継続的改善プロセスとしてさらに多くのバーコード化プロジェクトの導入に，この節約額が投資されるべきである。

　この例で，いくつかのポイントが強調される。もし評価が潜在的な節約額を反映しないならば，チームや組織の経営者はプロジェクトの導入をためらうだろう。また，もし初期投資が非常に高価なので短期（3カ月から6カ月まで）的利益を期待できないならば，チームは一口で象を食べようとしているようなものである。容易に「噛み砕き」，「消化できる」ような取り扱いやすい断片に問題を細分化することを考慮すべきである。最終的なポイントは，どのように費用便益評価が実行されデータとして示されたかについて経営者がどの程度理解したか確かめることである。経営者の関心を呼ぶためには第一に投資し，それから節約額を連続的にプロジェクトに再投資することが必要である。世界クラスの企業は，収益を改善するために従業員の能力に投資をして，経営者は多額な投資によって内部的に挑戦する環境を創造する。次章では，世界的な技術

変化の中での投資戦略を検討する。

訳者注⑩　ベンチマーキング
　特定の活動やビジネス・プロセスに関して、市場のリーダーが達成した最高のパフォーマンス尺度（コスト、生産速度等）を目標にすることである。

第7章

技術変化に対応した原価計算を準備する

企業は世界規模で，速いスピード・低コスト・品質保証によって顧客に製品やサービスを供給する手法を探索している。トータル・サイクル・タイムや時間基準管理プログラムが大多数の企業でとり入れられていることからも，このことは明らかである。我々の行くところでは必ず，ベンチマークの重要性を強調し，改善結果を得るためにプロセスを記録する。競争に勝ちぬくには，このような手法を取らざるを得ないことを実際に多くの企業が感じている。

ではなぜ企業はサイクル・タイムを減らし，利益を改善する方法で更に成功しないのだろうか。あらゆる活動に対して，企業はものすごい速いペースでゴールを目指していると感じるかもしれない。新規の改善計画を企業が実行する際の成功率は，実際のところかなり低い。この理由は，ベンチマーク企業との競争で収集したデータの使い方を理解しきれないためである。この結果，大抵の企業は世界市場を制覇するどころか，挑戦する位置にさえも達していない。

世界中のクライアントを支援する我々の教育プログラムで，受講者がまず指摘することは，世界クラスの改善努力は自分達の望むようにはうまくいかないことである。この原因は個人批判とプロセス責任のあいまいさが絡み合っている。以下に挙げるのは，組織内の専門家からヒアリングしたものである。

・経営者は，業務を正しく行うのに必要な資金や投入資源に口を挟まない。

・従業員は変化を受け入れない。

・労働組合はプログラムを信用しない。

・製品（サービス）は改善に適していない。

・時間が不足している。

この最後の指摘に対して，我々からの回答はシンプルである。即ちこの改善プログラムの実施に成功すれば，時間はいくらでもある。

最近，メルは活動基準原価計算に関する我々のセミナーに参加し，議論に加わった。ある女性が自分の経営陣が「カンバン」方式の導入を許可しないこと

に不満を漏らしていた。

「なぜ，カンバン方式を貴方に導入させないのか。」とメルは尋ねた。

仮に経営者が最も先進的で世界のトップレベルの考え方をもち，できうる限りの改善を指向しているとしても，改善努力を実施すべき理由を見出す必要がある。例えばこの計画ではこの部分を改善し，あの部分を削除すると単に経営者に話しても，これだけでは経営者を説得する十分な理由にはならない。技術強化を実行しようとする努力には何の支援も受けられない。というのは経営者が変化を嫌がるのではなく，技術導入者が代替案を提示できず，当該変化が自社の利益にどの程度貢献するか経営者に納得させることができないからである。

メルはそのセミナー参加者に費用対便益分析によって経営者の支援を得ることが必要であると話した。メルの好きな表現は，いつもこれであった。「神の名において，神以外の我々はデータを用いなければならない。」我々の誰もが神ではないので，新しい技術や哲学を導入する必要性を経営者に納得させるには，データと代替案が必要である。経験からこれは投資収益率にまとめられる数値だと考えられる。経営者を巻き込む鍵は，最終的に収益が新技術導入によってどの程度影響を受けるかという質問に答えることである。品質改善とサイクル・タイム削減は金額で評価されるべきである。経営幹部は節約額を知れば本当に関心を寄せることになる。メルがセミナーでその女性参加者に薦めたのは，次のような費用対便益の分析を準備することであった。

- 改善の機会があることを示す確実な証拠
- 長期の改善／短期の改善のための戦略
- 問題点を修正するのにかかるコスト
- 潜在的な節約額の概要

このような分析を準備して初めて原価計算は改善チームを支援できる。原価計算担当者は新しい技術が組織に導入された場合の節約額の見積を支援する。

新技術によってコストがどのような影響を受けるのかを理解するために，財務担当者を訓練する必要がある。この章では，企業で導入を検討した改善計画を幾つか見ていこう。ここでは，組織が期待する利益が何であるかに注目する。この理由は，原価管理者が技術改善を支援・促進する重要性を理解しているためである。原価管理者の特別の役割は，検討中の領域で価値を生む活動と価値を生まない活動に関する原価情報を経営者と改善チーム双方に分かりやすく示すことである。このような活動が改善後の将来の業績のための機会を提供する場なのである。

グループ技術とセル生産導入による原価節約額

　製造サイクル・タイムの改善は，組織にとって挑戦と機会である。改善は工場の工程図とその作業流れ図から始めるべきである。我々が助言するのは工程図の準備の方法を改善チームに教育することである。

　一般的な工程図の例は図7－1である。

　次のステップは，それぞれの作業を分析することである。改善チームが検討するのは，付加価値を生み出すために要求される活動を達成するのにかかった時間，資源，コストである。更にこのチームは意思決定，製品の移動，待ち時間といった非付加価値活動と付加価値活動とを比較して，両者の関連性を検討すべきである。原価計算機能の支援により，同チームは収集した情報を使用して実際に行われているプロセスのコストを正確に算出できる。表7－2はどのようにこのチャートが図7－1の工程図から得られたのかを示している。

　資源・コスト図は非常に明確である。ここで端的に指摘できるのは，チームが無駄を省き，サイクルタイムを削減し，製品コストを減らす努力をどこまで拡大しているかである。また，費用対便益分析に使用されるコスト改善目標を財務担当者が計画するのに役立つ。機械や設備のコストと同様に，労働時間，待ち時間，意思決定時間，段取時間，作業計画時間等のコストに必要なパラメーターをこれらのコスト改善目標は反映すべきである。更に，付加価値コスト

図7－1

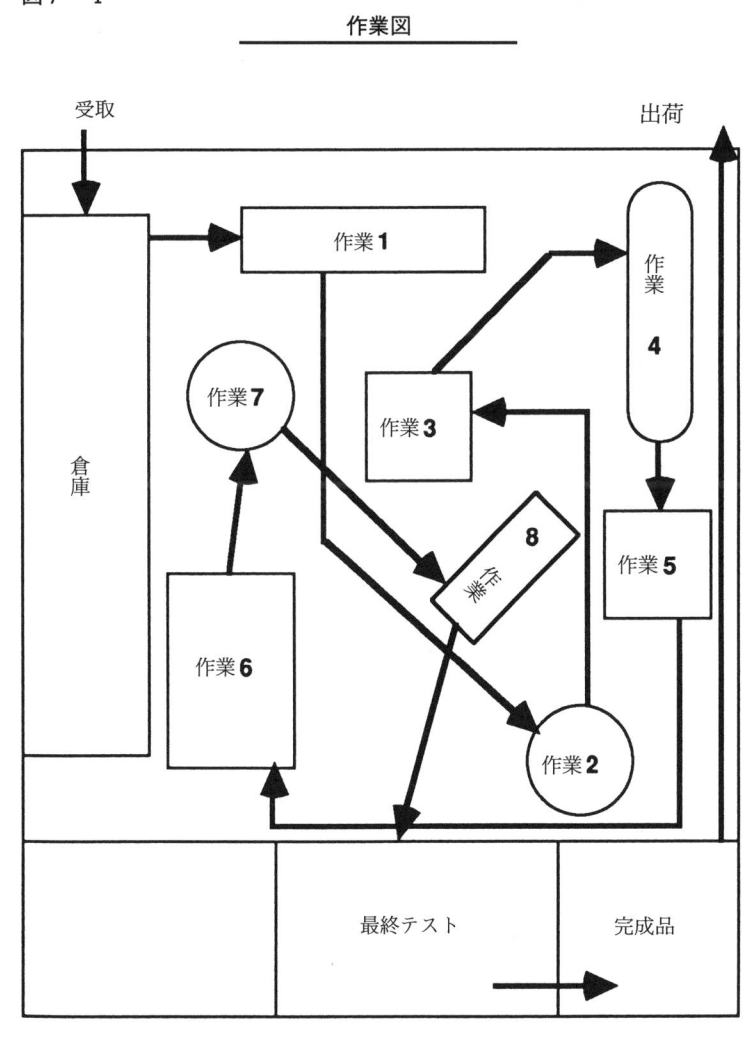

作業図

（受取 → 倉庫 → 作業1 → 作業3 → 作業4 → 作業5 → 作業2 → 作業8 → 作業7 → 作業6 → 最終テスト → 完成品 → 出荷）

表7-2

資源コスト一覧表　—現在

作業570
コストと時間の分析

活動	結果			経過時間	在庫維持コスト	機械・設備		労働		合計コスト
	作業	移動	保留			時間	コスト	時間	コスト	
準備	50%	20%	30%	2.5時間				2時間	$ 37.50	$ 37.50
出荷	80%	20%	100%	8時間	$27.60					$ 27.60
移動	—	—	—	15分				15分	$ 4.69	$ 4.69
待機	20%	20%	20%	8時間	$27.60					$ 27.60
段取	20%	60%	100%	4時間	$13.80			4時間	$ 75.00	$ 88.80
操業	65%	25%	10%	4時間	$27.60	4時間	$600	4時間	$ 75.00	$675.00
保留	—	—	100%	8時間						$ 27.60
				34.75時間	$96.60	4時間	$600	10.25時間	$192.19	$888.79

賃率 $18.75
投入原料コスト ... $3,450.00
在庫維持コスト ... .008%/日
機械時間 ... $150/時間

と非付加価値コストを見分けるために会計によって報告された内容を改善チームは十分に考慮すべきである。日本人が強調するのは，原材料，部品，製品の移動は無駄であり，非付加価値コストだということである。改善チームのこの他の職務は，在庫が待機，移動，滞留の状態にある理由を分析することである。これは原材料勘定に付加するのではなく，製造原価に割り当てられるべきである。教育とトレーニングを通じて，在庫コストの計算方法を従業員に教えることができる。

　資源コストのポイントは改善すべき機会を認識し，無駄な活動を排除もしくは削減する必要がある改善計画を実行することである。

　改善チームの主要な職務は図示された非効率にすべて挑戦し，その真の原因を探ることである。このグループでの討議と問題解決活動によって，チームは問題を解決するだけではなく，製品・サービスについて世界のトップレベルになるように企業を支援する新技術に慣れる必要がある。改善チームが適切なトレーニングを受け，仕事に対する分析技術を身につけたとき，その結果は驚くべき水準に達する。組織が得るのは非常に高い利益と多数の従業員の参加という大きな便益である。ある会社の改善チームが，セルラー作業（訳者注⑪）の技術を導入する際，図7－1の工程図で何をしたのか見てみよう。図7－3がその新しいレイアウトである。一見してわかるようにこのチームが行った改善点は多い。始めに，計画された生産に必要な原料が2つのカンバンがあるフロアーに納入業者から直接配送される。

　各作業場では全て作業に必要な原料・製品が使用可能で，従来倉庫に保管されていた原材料は必要なくなった。コンベアシステムが，ある作業から次の作業に移動するのに設置された。この結果，作業間の滞留原材料がなくなり，サイクル・タイムも改善した。作業重視のレイアウトの結果，ある作業から次の作業への流れはプロセスに沿って進むようになった。また，情報収集を自動化し，製品移動，原材料投入，業績測定のためバーコード・スキャナー・システムがコンベアの隣に設置された。

　オペレーター全員が統計的工程管理と6シグマ手法（訳者注⑫）を教育され

図7－3

<u>セルラー図</u>

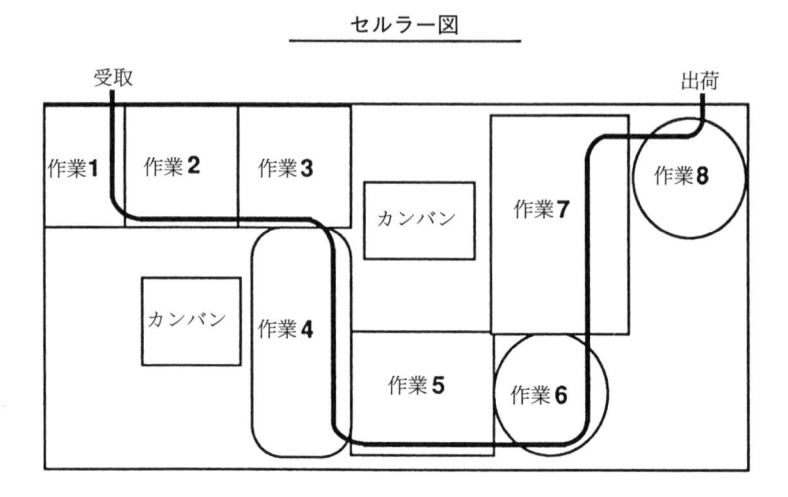

たので，最終テスト領域を完全に排除できた。品質は各作業で保証されている。新しいセルラー作業計画では，完成品は消費者へ直接配送されるので製品在庫の必要性もなくなった。

　以上からすべて良いことばかりのように聞こえるが，経営者が要求するのは作業改善による節約額であり，当該方法の導入にかかるコストである。これらの疑問に答えるには，表7－2と比較するためにセルラー作業プロセス上の資源コスト（表7－4を参照）を，改善チームは準備すべきである。

　これら2つの表から，チームは経営者に節約額を認識し報告できる。全体の問題解決と導入段階を通じて，チームはこの段階の説明資料だけでなく改善に関連する全コストを把握すべきである。

　従って，搬送システムやバーコード等の機械設備への資本投資を調達するのにかかった時間や原材料のコストが把握されるべきである。またこの時間にミーティング，トレーニング，教育セミナーへの出席，解決手法の検討も含めるべきである。この場合の時間には，当該チームのメンバー，ないしはチームのサポートに従事する人は誰でもカウントされる。グループ技術の導入による潜在的な節約額が提示されても，このような変化に気乗りしない者もたしかにい

第7章 技術変化に対応した原価計算を準備する 155

表7-4

資源コスト一覧表 ― セルラー図
作業570
コストと時間分析

活動	結果			経過時間	在庫維持コスト	機械・設備		労働		総コスト
	作業	移動	保留			時間	コスト	時間	コスト	
段取	90%	10%	―	30分	―	―	―	30分	$ 9.38	$ 9.38
操業	90%	10%	―	4時間	―	4時間	$600	4時間	$75.00	$675.00
				4.5時間		4時間	$600	4.5時間	$84.38	$684.38

賃率 ……… $18.75
投入原料コスト … $3,450.00
在庫維持コスト … .008%/日
機械時間 ……… $150 時間

排除
・準備
・設置
・移動
・待機
・保留

削減
・段取
・動作

る。我々は，よく同じ言い訳を耳にする。このような人々は，次のような考え方に集約される。即ち，「自分達は違う」。それは変化するのに困難な姿勢だが，サイクル・タイムを減らし消費者の満足度を向上させ非付加価値活動を排除する機会を検討するために，全ての試みが社員の教育・トレーニングにあてられる。このことが全体のコスト削減につながり，企業を更に競争優位に立たせる。

カンバン導入による在庫削減と精度の向上

　カンバンの適切な訳語は私の聞いたところによれば，「シグナルを簡単に読めること」である。カンバンの目的を正確に要約すると，それは組織に必要なシグナルである。カンバンの必要性は，次の活動に情報を伝達することにある。この内容は，生産，補給，計画，排除である。実際，Peter Grieco はその著書 "Made in America : The Total Business Concept" の中で情報伝達の視点でカンバンを説明している。カンバンはまさに企業内部の経営管理，サポート，原材料，製造，サービス機能上でこれらのシグナルを伝達できる。企業にとってのカンバンのメリットは，十分に説明されており，更に詳しい内容については，"Made in America" を参照して頂きたい。

　カンバンには様々なフォームがある。我々は，これまで，カード，板，照明板，箱，容器，棚等をカンバンとして使われるのを見てきた。アメリカで最も一般的なカンバンのフォームは，図7－5のようなカード形式である。

　カンバン・カードは，内部的には様々な作業の引き取り開始要求シグナルとして，外部的には補給要求シグナルとして使われる。カンバン・プル・システムは，顧客からの製品要求から始まる。売上は製品を出荷するようにカンバンカードを付けて完成品に合図を送り，顧客の要求を充足するように配送される。これは生産プロセスに合図を送る他のカンバン・カードを発行する段階を設定する。補給までの一連の継続した合図の組み合わせは，作業全般にわたって納入業者にまで続き，最終的に納入業者は費消された部品，サービス，原材料を補給する。図7－6に一般的な，カンバン・プル・システムが示されている。

図7-5

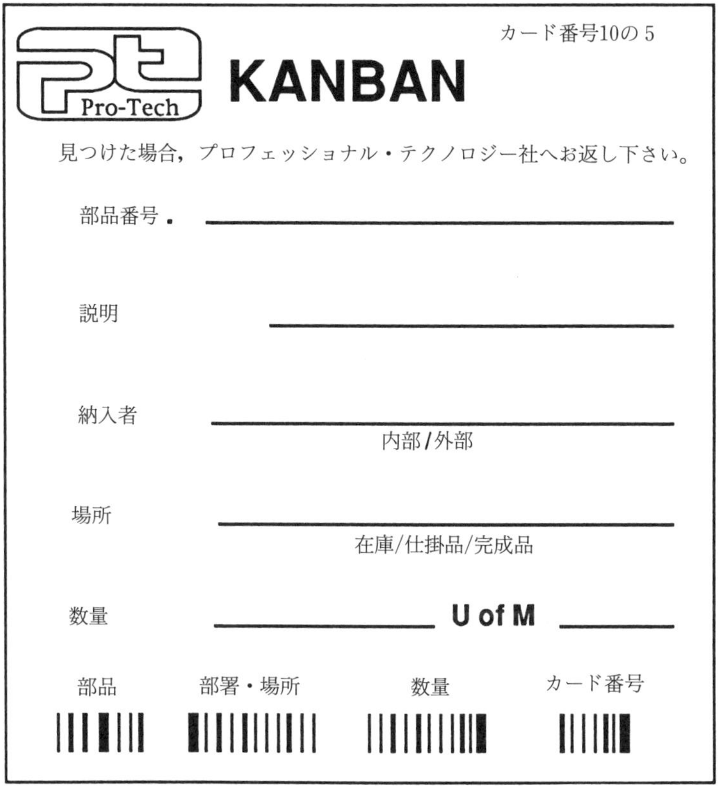

```
                                              カード番号10の5
  [Pro-Tech logo]    KANBAN
       見つけた場合，プロフェッショナル・テクノロジー社へお返し下さい。

   部品番号．_____

   説明        _____

   納入者      _____
                            内部/外部

   場所        _____
                          在庫/仕掛品/完成品

   数量        _____  U of M  _____

      部品       部署・場所       数量        カード番号
    ||||||||   ||||||||||||   |||||||||    ||||||||
```

　原価計算は，カンバン・システムを管理費用削減のための有用なツールとして認識すべきである。カンバンが適切に導入され利用された場合，カンバンは購入プロセス上の多くの紙や手作業処理のコストを削減する。作業を還流するカンバン・カードは，最終的に再注文の合図をする購買で見出される。あらゆる購買は，カンバン・カードで行うべきである。これは，事前に部品供給業者と結んだ契約を履行するために，発送注文としてバーコードを読み取ることから始まる。このカードは，封筒に納められ，購買注文書のかわりに部品供給業者に送られる。より高度なシステムでは，電子データ取引（EDI）が行われる。カードの受取により，部品供給業者はカードに印刷されている標準量を配送する。カードは，出荷部品とともに返送される。

図7-6

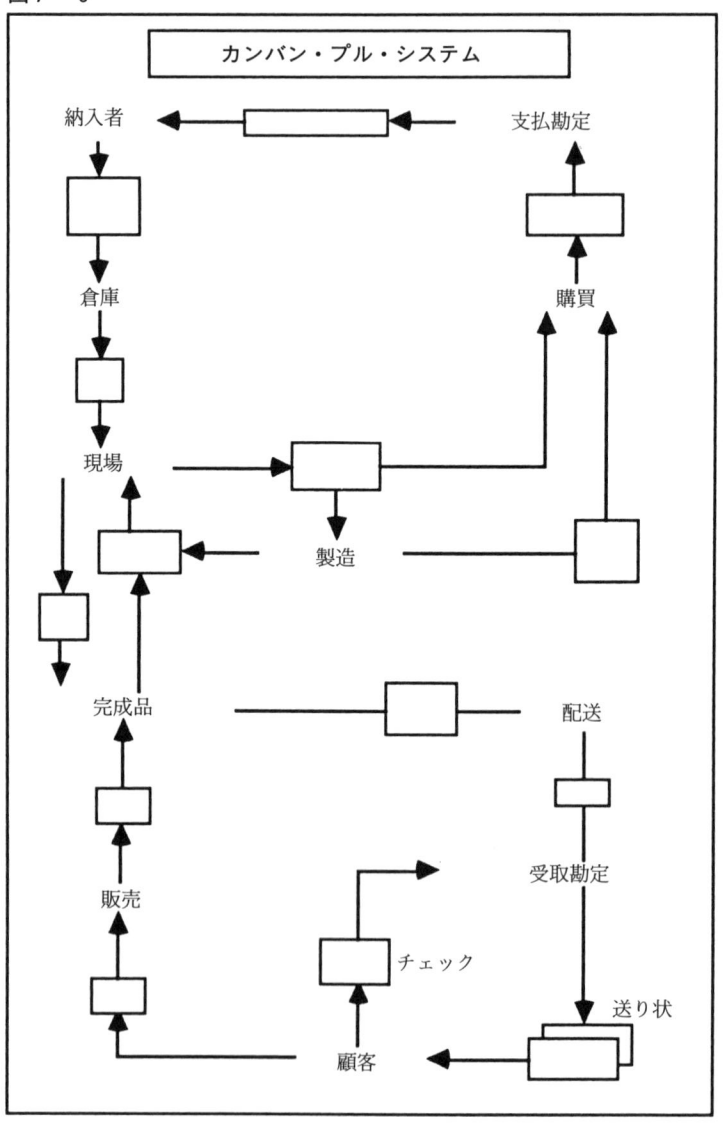

カンバン・プル・システム

納入者
倉庫
現場
製造
購買
支払勘定
完成品
販売
チェック
顧客
配送
受取勘定
送り状

会社にもどると，カードは契約履行と部品の納品書と一緒に受領され，読み取られる。この部品とカードは，他のセクションが要求している在庫品・仕掛品，部品等のカードが示す場所に送られる。周知のように，カンバン・プル・システムは社内の拠点と社外の拠点を閉じた経路で結び付ける。

閉じた経路の考え方はカンバンの正確性とカンバンによる節約額を考慮している。ここで，カンバンによって企業は何を節約できたかについて解説しよう。

```
         カンバンで節約できたもの
 ・請求書なし
 ・注文書入力なし
 ・購入注文なし
 ・荷札なし
 ・受取伝票なし
 ・受取書の処理なし
 ・在庫伝票なし
 ・在庫修正なし
 ・送り状なし
```

この簡単なリストから分かるように，6つの書式と3つの手作業処理が排除された。カード上のバーコードを読み取ると，購買，在庫，財務ファイルが直ちに自動更新される。我々のクライアントであるJ. I. Case社の場合，工場の1フロアーの1部署で8つの部品についてカンバン・システムを実行したところ，導入後3カ月で約69,000ドルが節約された。しかもこの作業は試験的なプログラムであった。経営者は，他の部署にもカンバン・プロジェクトを継続導入することを問題なく承認した。

段取の削減と原価節約効果

　段取削減プログラムは機器の段取時間を削減するだけでなく，ロット規模やコスト削減にも大いに役立っている。実際，改善チームは時間の節約以上のものを追及する。

　段取削減プログラムが実行されると，企業はより多い生産時間を持てるという考え方はある意味では正しい。真の利益は，ロットサイズを1つ減らすことから生じ，この結果，サイクル・タイムが減少し，少量を要求する顧客のニーズに見合うように更に柔軟性が増す。前章で検討した敏速な生産は，高水準の成果に力点を置いている。

　今日のビジネスの傾向は，継続的改善プログラムであるジャスト・イン・タイムの要求に合うように，顧客が少量でも注文することである。顧客もまた，同一単価での少量化を求めている。しかし，企業が少量のロットを生産するのに弾力的でないという問題が発生する。顧客が1週間で部品100個を求めているのに，納入業者が部品500個を販売しようとしたり，倍の値段で100個販売しようとすれば顧客が新しい仕入先を探し始めるのにさして時間はかからない。

　倍の値段が請求される理由を顧客が尋ねた時，大抵の企業は自分たちの段取コストをカバーする必要があると反論する。だが，段取時間を削減する方法があるのなら，どのようにすべきだろうか。コスト上の効果はどの程度になるのだろうか。段取削減プログラムを導入すべきだろうか？　我々が書いた〝Set-Up Reduction: Saving Dollars with Common Sense〟では，段取削減の必要性を求めるインセンティブから説き起こしている。

　このタイプのプログラムがコスト面で効果的であるには，段取コストの構成要素を会計によって決めることが求められており，結果として段取削減時間ごとの節約額を計算できる。この計算は現時点の段取標準を上回ることが必要である。企業に今後求められるのは，顧客が求めるものだけを生産できる十分な柔軟性とこれによって獲得できる時間短縮と節約に力点を置くことである。

段取時間を最小化し，即使用可能な設備を導入することは，敏速な製造環境に非常な活気をもたらす。言うまでもなく，需要即応生産は在庫削減と節約額の生成に大きく寄与し，両者ともにコスト計算に組み込まれなければならない。実際に在庫維持コストの計算は表7－7に見るように，顧客の要求に見合う利益と節約額を計算するのに優れた方法である。

表7－7

段取時間削減時の在庫維持コスト				
段取	ロットサイズ	製造コスト/個	在庫維持コスト/日	1日のコスト
4時間	5,000	$48.00	.06%	$144
2時間	2,500	$48.00	.06%	$72
1時間	1,250	$48.00	.06%	$36
30分	625	$48.00	.06%	$18

表7－7で指摘されるように，段取時間が減少するほど在庫維持コストの発生額が削減される。明らかに在庫維持コストの低減化が進むほど，多くの顧客が求める少ロットのコストは一層減少する。低価格や柔軟な生産量の結果，多くのビジネスに備えることができる。段取削減によるコスト削減効果は以下の例のように作用する。ここで顧客が500ピースを求めるとしよう。段取時間が4時間であれば，5,000ピースを生産して，超過分の4,500ピースには1カ月当り12％の在庫維持コストを支払う必要がある。総計すると，在庫維持コストだけでも25,920ドルとなる。仮に同じ段取を30分で行う場合，125ピースを越える在庫維持コストは1カ月たった720ドルである。

このように500ピースの販売注文に対して，1生産ロットが5,000ピースであると，在庫維持コストをカバーするために1ピースにつき2倍以上のコストを消費者に請求する必要がある。

これこそ生産プロセスの収益性に影響する隠れたコストをどのように活動基

準原価計算が明らかにするのかを示す1つの例である。段取削減は技術が成熟した市場では必須である。競争に生き残るために，段取削減手続きを企業全体で始めるよう努めなければならない。以上の例がコスト削減の必要性を示す十分な証拠になる。

データ収集の利点——少ない労力でより多くの情報を供給する

多くの企業が現実的な情報を収集し報告することを避けているように見える。なぜなら，情報収集や報告のため追加的な労力とコストが要求されると考えられているためである。しかし，我々のクライアントの多くが，現時点のシステムが収集する労務費，在庫の適正評価，生産現場等の状態に関する貧弱な情報に大きな不満があると訴えている。最大の関心事は在庫の適正評価であることが分かった。一般に監査人のポイントは在庫の適正な評価であり，在庫の価値評価の算定に力点を置いている。しかしながら，実際のところ在庫評価の正確性は会計担当者にとってそれほど重要ではない。毎年実施棚卸を在庫に実施し可能な限り数量をカウントし在庫全額を評価しているが，このカウントの正確性は重要でない。我々の方針に異論を述べる監査人は何人かいるが，この正確さのレベルはジャスト・イン・タイム，総合品質，競争の敏速化が求められる今日の製造環境では十分でなくても構わないのである。

新しいビジネス環境で求められるのは，追加的なコストや手間をかけずにより正確に在庫の受け入れや払い出しを監視するシステムである。

幸運にも新しい事業環境では，意思決定を行うための正確なデータを収集できる技術的進歩がもたらされた。この新技術によって，余分なコストや手間をかけずにデータ収集が可能になった。この章の冒頭で検証したバーコードによるカンバン・カードの内容は，原材料関連の領域でどのようにデータ収集が容易に実行できるかを証明している。

現場の第一線でも，データ収集の進歩した方法を使って便益を受けている。ここでのポイントは，端末やワークシートに人間がデータを入力する必要性を

排除したことである。例えば品質報告は欠陥品の数だけではなく，当該製品の欠陥理由まで拡張してきた。様々な種類の欠陥品のバーコードがついているメニュー・ボードを，欠陥品が現れるとオペレーターが読み取る。この価値あるデータ収集により，オペレーターは欠陥品が発生する理由を分析でき，より正確なデータを基にした解決策を探ることができる。

　オペレーターがタイム・シートやカードに時間と賃金を手作業で入力するので，労務データの収集は管理することが難しい領域である。しかしより正確な労務情報を把握するには，バーコード・バッジ，ワーク・ペーパー，メニュー・ボードでデータが読み取られることが必要になる。Pro-Tech 社はさらに進んでいる。我々が尋ねるのは，敏速な製造環境のもとで，伝統的な方法で労務費を把握する必要があるのかということである。多くの企業では，労務費が製造コストの5％以下にすぎない。従って，供給者と顧客に焦点をあてる時期である。

　原価計算は伝統的手法に対して，簡単かつ正確でコストをあまりかけずにデータを収集する方法について常に挑戦していくべきである。データ収集技術を使用した自動データ収集は決して高いものではなく，高い投資収益率を速く実現できる。

　原価計算が検討すべき最新の領域は電子情報交換（EDI）である。社内データ収集を自動化している企業は自動化の結果に十分満足したので，次のステップとして社外の納入業者や顧客とより正確で速い情報交換を求めている。EDIシステムではこのようなタイプの情報のやり取りが可能となる。例えば，顧客は回線を通じて自社工場に注文を送ることができる。また納入業者に回線を通じて自社の注文を伝えることができる。この一連の作業は紙を使わず電子メールのやりとりで行われる。紙の場合よりもはるかに EDI が注文の内容を正確に伝達できるようになり，顧客と納入業者とのトラブルは減少した。この結果将来どのようになるのだろう。恐らく将来は納入業者から直接販売される商品を顧客は手にすることができる。

　明らかな事実は，技術進歩に関わらなくても，技術は年々進歩することである。仮にこれを無視すれば，自社の競争相手が市場で競争優位に立つために新

技術を探索し導入するのは確実だろう。

納入業者管理とコスト／価格の比較

　納入業者から原材料を購入する活動はずっと製造をとりまく紛争の種だった。顧客はできるだけ低コストで無欠陥品を少量，納期配送を求める。納入業者はコストをカバーする価格で多量の配送が長期保証され，顧客が期限までに支払うことを求める。

　このような状況から我々が目にするのは，協力関係にあるとはとても言えない非常に攻撃的な交渉である。しかし多くの企業が気づきはじめているのは，このような原材料の調達方法では両者に逆効果が生じることである。これまでとは違う方法として，顧客と納入業者の両者が双方とも有利になる方法が求められている。この新しい連携は，納入業者認定プログラムの導入という協力方法によって促進される。以上のような納入業者認定プログラムでは，両者の明快なコミュニケーションが必要となる。相互関係のポイントは，品質，納期，数量であり，両方に共有される利益である。Peter Grieco著 "Supplier Certification II: A Handbook for Achieving Excellence through Continuous Improvement and Just-in-Time Purchasing: In Pursuit of Excellence" で顧客と納入業者の双方は原価管理プログラムに積極的に参加し，成果を明らかにし，皆で分かち合うべきであると筆者は指摘している。この本に記されている原価管理活動は，次に挙げるようなものである。

- 顧客と納入業者は，無駄の削減，納入業者原価管理，生産性の改善，効率の改善，技術開発という領域での原価管理や原価削減プログラムに積極的に参加していることを示すことができなければならない。
- 顧客と納入業者は，協力して原価標準（訳者注⑬）を設定しなければならない。原価標準によって作業が有用かつ目的をもって計測される。原価標準は，有用性，効率性，生産性，生産過程で利用される品質や管理尺度を

反映すべきである。
- 顧客と納入業者は，標準の範囲を決定すべきである。他のコストは，購入された納入業者の製品に適切に配賦すべきである。
- 納入業者の会計スタッフは，報告頻度と有用な結果について業務スタッフと互いに協力すべきである。
- 顧客と納入業者は，ともに品質コストに精通すべきである。
- 顧客と納入業者は，リードタイム・コストを管理すべきである。
- 顧客と納入業者は，効果的に原材料，中間財，完成品の在庫を管理すべきである。
- 顧客と納入業者は，許容範囲内のコスト変動を顧客に保証する一方で，納入業者の利益を保護する長期間の供給契約を通じて，相互利益を与えるためにコスト情報を共有すべきである。
- 顧客と納入業者は進んでコスト構成情報を相手に提供すべきである。

　顧客と納入業者間の協力関係がもたらす利益は，製品生産に要求される資材購入コストを削減することである。しかし，原価管理は支払われた価格以上の節約を求めて購買活動を促進する必要がある。

　下記に示すリストのように，高価で多くの購買活動に関連するコストがある。

- 購買注文準備に伴うコスト
- 紙のコスト
- 郵便コスト
- 受取コスト
- 計算コスト
- 検査コスト
- 材料検査委員会コスト
- 欠陥コスト

> ・労使紛争コスト

「The World of Negotiations: Never Being a Loser」で，我々が示したのは，企業が原材料や部品等の表示価格以上のコストを支払っていることである。納入業者管理チームの職務は，これらの付随的なコストに気づき，社外，社内に引下げを働きかけることである。また，このチームは購売活動全体にわたる努力に焦点をあてる尺度を開発するように働きかけることである。例えば，納入業者管理プログラムのゴールの1つは，納入業者を減らすことである。ある尺度により基準数値に到達している現在の納入業者数を合計する。それから，このプログラムは納入業者数を少なくするように働く。各納入業者に関連したコストもまた計算される。このコストは，恐らく各納入業者に5,000ドルほどかかるであろう。この目的は，チームの削減努力に数値的意味を与えることにある。

しかし，活動基準原価計算は納入業者との取引関係を維持するコストに直接跡付ける正確な数字を計算しなければならない。計算可能なコストの構成要素を次に挙げる。

> - エンジニアリング・コストの調査と開発
> - 納入業者の選択，調査，監督
> - 納入業者の訪問
> - 納入業者の履歴，購買履歴，支払履歴等のファイルを保管するために使用されるコンピューター・ファイルのスペース
> - 購買注文，受取書，領収書，小切手等のような書式作成コスト
> - 送り状の照合
> - 購買注文，受取記入，領収書記入等のコンピューター入力に費やす時間，小切手処理に費やす時間
> - 取得コスト
> - 供給部品の在庫保管スペース

- 供給管理
- 人的資源活動

　ここで言及した全領域で納入業者と協働するチームは，新しい技術やコスト削減プログラムを導入し始めている。パートナーは双方有利な関係にある利益とコスト削減を経験するだろう。しかし，コスト節約に関する互いの活動や技術へ常に関心を払う必要がある。

要　約

　この章で強調したのは，技術変化が進展する中継続的な改善の機会に対するコストの程度である。企業全体で必要なのは，改善に対する実際の費用対便益についての教育が実施されることである。改善活動を分析し導入するために形成されたチームは，真の節約額の認識と費用対便益を明示するよう貢献しなければならない。企業は技術変化を避けるというよりは，むしろこれを包含するような改善プログラムに積極的に関与することが必要である。

訳者注⑪　セラー作業
　一つの生産単位で，手作業と機械生産をバランス良く組み合わせ，原材料や部品の受入から完成品までの一貫した作業を行う生産形態や作業方式を言う。

訳者注⑫　シックスシグマ手法
　品質管理で使用される手法に端を発し，偏差（シグマ）が6シグマという極めてばらつきの小さい状態にビジネス・プロセスを確立する経営改革手法である。

訳者注⑬　原価標準
　標準原価計算で製品単位当たりの製造に必要な原価を言い，製品を製造する前に確定されているので事前原価の性格を有する。

第 8 章

ライフ・サイクル・コスティング
——研究開発から市場満足まで

現在および将来の激化する競争市場で，組織は内外部の協力を新技術や新方法によってうまく調整することを強いられている。改善へのこの動向は，将来の競争優位を求める企業の原動力となる。改善計画に基づき，製品の製造やサービスの供給もしくは両者の技術，製造，販売，品質，財務機能が「最初に正しいことをする」という努力を協働して実行する。たとえ新技術や新方法が用いられたとしても，下記に掲げた成功目標は変わらず，これを理解している企業は成功する。

- 品質が顧客要求を満たすものであること。
- 納期厳守の納品が期待されていること。
- 販売は最低コストの供給者に有利であること。

これらの目標は，製品，サービス，環境要因，世界情勢に関係なく不変である。しかし原価管理のない新技術や新方法では，組織による試行は大失敗するかもしれない。伝統的会計慣行によれば，原価計算上技術コストを期間費用として各期に均等に割り当てることが推奨される。しかし，これでは技術の導入によって影響される製品やサービスの技術コストは製品，サービスとの関連性を失うことになる。設計者はこの会計処理で満足するかもしれないが，財務部はこれに満足すべきではない。

新技術や新方法による改善のための新しい会計方法論を打ち出さなければならない。その新方法論の１つとしてライフ・サイクル・コスティングの概念があげられる。

定　　義

ライフ・サイクル・コスティングは，製品やサービスの開発段階で製造から廃棄まで見通して実行される活動に関するコストの計算手法である。

定義で明確にされているように，ライフ・サイクル・コスティングは原価データの集計に機能アプローチを用いている。製品やサービスのライフ・サイクルで役割を果たす組織の各機能分野は，製品レベルでのコスト影響額を決定するために分析される。

ライフ・サイクル中のコストの一因となる機能分野は，次の通りである。

ライフ・サイクル・コスティング

機 能 分 野

- 設計／エンジニアリング
- 計画／予定
- 販売／マーケティング
- 原価／見積
- 材料／購入
- 受入／出荷
- 支払／受取

この章の焦点はライフ・サイクル・コストを捕捉し，これの見積や管理のための原価計算機能を支援することにある。これは結果として，組織内のあらゆる機能分野からコスト要素を見積り，評価し，改善することにつながる。我々は積極的に非付加価値活動への攻撃と削減に取り組み，これを実現する原価目標を設計する。最後に，予算原価と実績の報告過程を明確にするライフ・サイクル・モデルを導入する。

全ての機能における原価データの捕捉，計画，管理

ライフ・サイクル・コスティングの目的は全機能分野からの活動コストを捕捉することである。これらの機能コストは2つのカテゴリーに分類される。

・開発コスト

・操業コスト

　開発コストは，製品が企画され，設計され，市場調査が実施され，最終的に生産が行われる期間中，1回限りで支出されるコストである。ライフ・サイクル・コスティングをうまく導入した企業では，製品開発時のコスト削減を早く意識する程ライフ・サイクルでの原価管理は一層簡単になることが分かっている。製品総原価の90％が製品の設計段階で決まるという企業もある。このように，ライフ・サイクル・コスティングでは，開発段階と生産開始前にできるだけ多くのコストを削減するような設計が強調される。多くの企業が間違った分野，すなわち製造過程でコストを削減するために何十億ドルも費やしている。製造段階でコストを削減することは，コストがライフ・サイクルの初期時点から捕捉され，計画され，管理されていないと非常に難しい。図8－1は，設計がライフ・サイクル・コストにもたらす影響力の大きさを示している。

　伝統的会計慣行では，これらの影響力を捕え報告できない。関連原価は現場レベルで明らかに認識できるが，たいていの企業では改善効果を得るには個人では力不足である。しかしながら，活動基準原価計算は現在から将来にわたる開発努力から生じる改善に影響する設計機能とコストの関係を明らかにすることができる。設計は，開発段階の目標である総原価削減額を決定するための独特な機会の窓である（図8－2参照）。不幸にも，伝統的な設計者の考え方には，最大の機会が存在するコスト要素はない。こうした考え方は，経営者から市場へ製品を早く送り出せとの圧力によって一層磨かれる。このような設計環境で一般的に生じることは，問題を細部まで詰められず，未解決な問題の解決を製造段階へ先送りすることである。

　しかしながら，適切な訓練や教育を受けた設計担当者は下記に述べる目標原価を探索できるように考え方を調整することができる。

図8−1

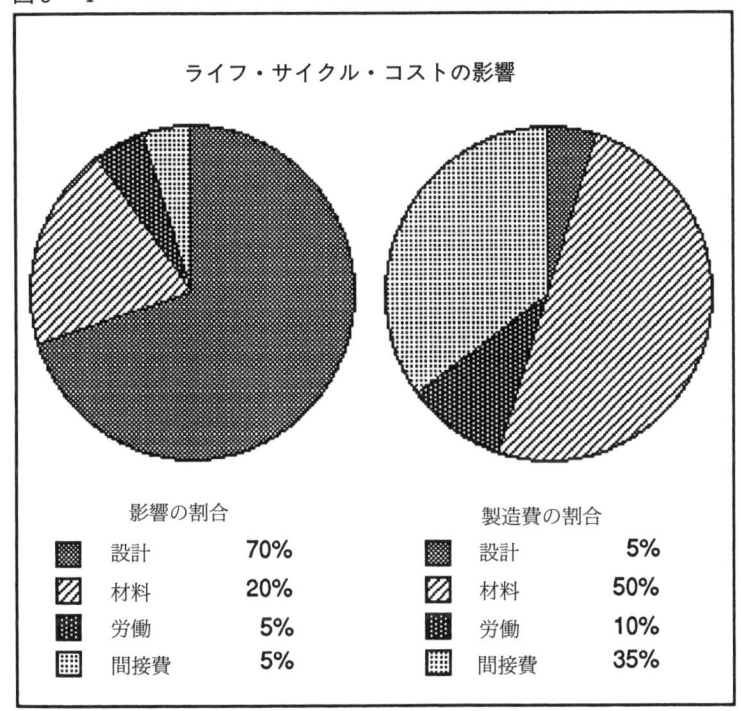

ライフ・サイクル・コストの影響

影響の割合
- 設計　　70%
- 材料　　20%
- 労働　　 5%
- 間接費　 5%

製造費の割合
- 設計　　 5%
- 材料　　50%
- 労働　　10%
- 間接費　35%

目標原価の設計

少数部品	単純な工程
多機能材料	単純な組立
隠れたコストの排除	品質設計の取り込み
検査なしの設計	取引量の削減
事務処理の削減	標準化包装
運搬の削減	

ライフ・サイクル・コストの総節約額

誰もルールを好きではないが，上述した目標原価の背後にあるルールはまさ

図8－2

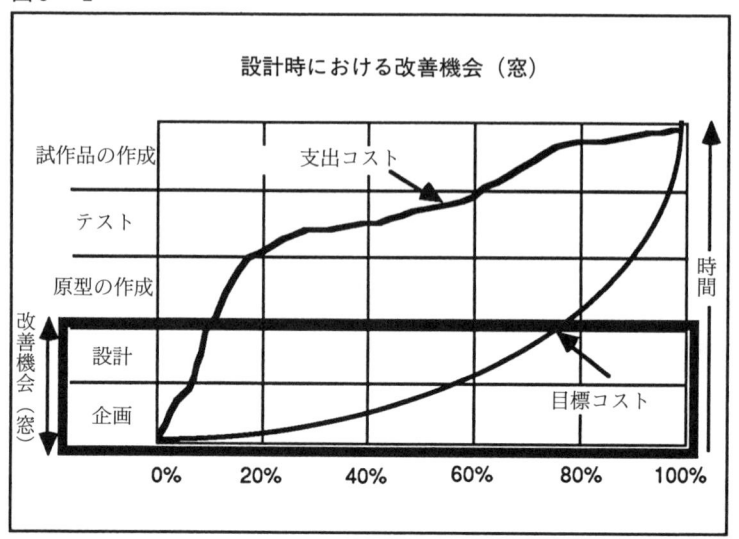

設計時における改善機会（窓）

（縦軸：試作品の作成／テスト／原型の作成／設計／企画、左側に「改善機会（窓）」、右側に「時間」、グラフ内に「支出コスト」「目標コスト」、横軸：0%、20%、40%、60%、80%、100%）

に単純である。つまり，

各機能での最小作業時間を設計する

　単純なルールによって設計に適切な中心が与えられるだけでなく，企業内のあらゆる機能の戦略や目標の調整にも役立つ。なお，ルールによって製品設計だけでなく，コスト削減においても創意工夫の余地がある。

　操業コストは生産の実施に伴って発生し，反復する原価である。ライフ・サイクル・コスティングにおける製造機能では，非付加価値活動を将来に削減・排除するために設計・開発要員と協力して，ライフ・サイクル上で累積している非付加価値活動を全て識別するように求められている。設計・生産の2つの機能間のフィードバック・ループによって，設計段階での原価目標の背後にあるコスト・ドライバーが明らかになる。このような情報交換における会計の役割は，下記に述べるようにコスト・ドライバーに対して非付加価値活動を関連づけることである。

第8章 ライフ・サイクル・コスティング——研究開発から市場満足まで 175

ライフ・サイクル・コスト・ドライバー	
ドライバー	コスト
市場への遅れ	請求料金
仕様書なし	遊休労働力，遊休材料，遊休機械
仕様書のエラー	スクラップ，再作業
情報伝達ミス	サイクル・コストの増加
非現実的な許容範囲	過剰労働力，過剰原材料

　上記のコストを除去または減少させるために，あらゆる努力が払われねばならない。しかしながら，あらゆる問題が予測できるとは限らないので，会計は生産段階で消費するコストの割合をある程度計画しなければならない。同様にほとんどの設計コストの問題は，品質原価報告書における失敗コストとして計画され，捕捉される。

製品総原価と収益性を評価する活動基準見積

　活動基準原価計算が組織に導入されると，見積機能もまた強力になる。期待通り，活動基準原価計算に基づく見積は，製品またはサービスの総原価のより現実的な数値を示す。というのは，見積が，原価は活動による資源の消費によって割り付けられるという原則に基づいているためである。実際に活動基準原価計算分類を用いる原価見積を準備すれば，組織が改善機会の確認をするのに役立つ。活動基準原価計算を使う見積者はコストの原因またはコスト・ドライバーを確認し，コスト削減の機会を強調する。コスト・ドライバーは原価要素を創造したり，影響を与える活動や課業である。コスト・ドライバーを明確にするために，組織は非付加価値活動を削減するか除去する活動を導入して，原価を計画し管理する方法を発見できる。見積者が代替案を認識し計画する機会がある時，この一連の活動は設計段階において特に重要である。原価削減チー

ム構成の中で設計者とコスト見積者との協力により，下記に掲げられているように原材料費や労務費の領域を越えた原価削減機会に焦点があてられる。

```
              機     会

       ・リードタイムの削減
       ・段取削減
       ・品質問題
       ・工程改善
       ・工程のムダ
       ・管理のムダ
```

収益水準と競争価格を維持するために，組織全体を通して原価を削減し，ムダを排除することが必要である。図8－3には，製品原価の根が数本示されており，この中には改善のために識別される必要のあるムダな活動も含まれている。この作業の合理化によって，以下のようなムダに関連する問題を除去していくことが必要である。

- スクラップ
- 供給者の義務不履行
- 購入のリードタイム
- 変更通知　－　購入と技術
- 長時間の段取
- 機械の停止時間
- 設備の不均衡
- 検査残
- 事務処理残
- 怠業

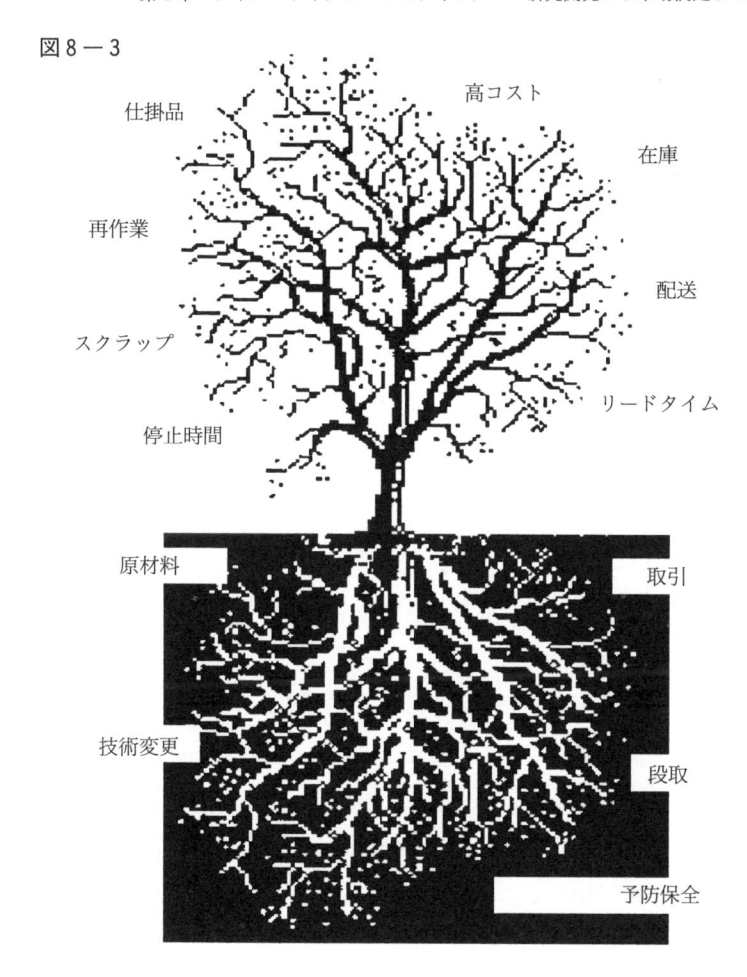

第 8 章　ライフ・サイクル・コスティング──研究開発から市場満足まで　177

図 8 － 3

仕掛品
高コスト
在庫
再作業
配送
スクラップ
リードタイム
停止時間

原材料
取引
技術変更
段取
予防保全

　ムダなコストを見積るために，見積者は始めに各項目にベンチマークを設定しなければならない。次にどのようなデータが収集され，どのようにしてそれが判断され，総原価に影響するのかを決定するためにチームと協力して解決するべきである。これらの基準が確立した時に，各項目の現状のコストを捕捉するために，情報収集をすぐに始めるべきである。見積者は，ベンチマークに基づく改善を試みる活動を記録しなければならない。この情報は次の見積の中に織り込まれる。例えば，チームやプログラムがスクラップを20％まで削減しよ

うとする場合，これを見積に反映することが必要である。

　設計チームで働いている見積者にとっては，見積を行うのに2つの方法がある。1番目は削除する方法，2番目は現存する部品からの見積である。たとえどんな方法が採用されたとしても，そのチームにおける見積者の役割は見積を作成するだけではなく，できるだけ最低コストを達成するために彼らの専門技術や知識を提供することでもある。

　最小限のコストを確立する方法は，設計の中に標準化を織り込むことである。見積者は，次のような問題意識を持って新部品や新工程の設計に挑戦するべきである。

- なぜこの部品が必要なのか。
- 現存する部品が要求を満たしているか。
- 製品／新部品コストに対してどんな価値を部品は製品に付加するか。

　我々の経験によれば，部品設計の改善は工程改善よりも，総原価の削減に強力な影響を与えることがよくある。これは実際よくある。というのは，部品の標準化や部品点数の削減は，定量化するのが困難なほど付加便益をもたらすからである。例えば，標準化によって，信頼性の向上，在庫の削減や低い生産管理コストが結果として生じることが多い。

　特に明確になったことは，企業がライフ・サイクルの早い段階で見積を始めると，コストを大きく削減できることである。設計段階で行われた見積は能動的である。見積によって，開発チームはライフ・サイクルの特定の段階だけでなく，全ライフ・サイクルに対する最低の総原価を容易に見積ることができる。見積は，設計段階と並行して同時に行われるべきである。製品が設計されるまで見積を待っていたら，重要なコスト削減には遅すぎることになる。

　原価見積に関する伝統的手法と先進的手法との最大の違いは，機会の認識である。先進的手法は，コストの改善機会を識別することに焦点を置いている。

組織が最小コストの製品を達成するために，原価を発生させる資源を識別し原価削減の挑戦が始まる。原価要素は製品に付加される価値について個々に検討され，論議される。検討課題を以下に挙げる。

材料コスト
- どのくらいの量の安全在庫量を購入するか。
- 正しい部品を使っているか。
- 品質の高い部品を購入しているか。
- 配送のリードタイムはどのくらいか。
- 供給者は良いか。
- 部品を数えているか。
- サイクル・タイムはどうか。
- 部品をテストしなければならないのか。
- 供給者は認定されているか。

機　械
- 正しい機械が使用されているか。
- 機械は保全されているか。
- 運転者は訓練されているか。
- 運転者には仕様書が与えられているか。
- 統計数値が使用されているか。
- 技術変更にかかる時間はどのくらいか。
- 機械に適切な工具が用意されているか。

人的資源の課業
- 材料を運搬する頻度はどのくらいか。
- 誰がテストや検査を実行しているか。
- どのくらいの量の事務処理があるか。

- どのくらいの量の手作業があるか。
- どのくらいの量のコンピューター入力があるか。

製造間接費
- どのくらい製造間接費が現実的に広がっているか。
- 品質コストは把握されているか。
- 再作業は製品毎に把握されているか。
- 配賦方法は十分明確か。
- 総製品原価が分かるか。

目標原価を確立する

　ライフ・サイクル・コスティングを導入する組織は，設定された目標コスト内に製品を設計するために先進的な設計手法を組み入れなければならない。これによって競争コストが設定され，最小の総原価をもたらす代替案が探索される。このため，見積者とその他の機能チームが協力するようなチーム形成への挑戦が必要となる。もし設計が目標コストを越えれば，チームは目標コスト内に収まるまで設計を変更しなければならない。この方法は「設計からコスト」(DTC) と呼ばれ，「製造容易性の設計」(DFP) と密接に関連している。両者の主要概念は，総原価の削減である。より明確に言えば，先進的な製品設計手法の最も有利な点は次の通りである。

- より低いコスト ── 労務費，原材料費，製造間接費
- 工具コストの削減
- 部品の少数化
- 製造における柔軟性の拡大
- 早期の製品開発

・設計品質の製品への造り込み

　先進的手法はいずれも，企業文化や企業ビジョンの一部分となる経済原則に基づいている。典型的な組織ならば，組織は先進的設計やライフ・サイクル・コスティングの採用を妨げる多くの問題と取り組まなければならない。第一に伝統的手法で配賦された資源を把握し，より先進的手法で資源を評価しなければならない。第二に，機能部門間の調整や意志疎通を増やさなければならない。そして第三に，DFPやDTCの概念に関する，人材の教育・訓練に着手すべきである。考慮すべき原価削減原則をいくつか次に掲げる。

原価削減原則

- 複雑性の削減
- 標準材料と標準部品
- 製品自体の標準設計
- 構成部品数の低減化
- 許容誤差の決定
- 加工済材料の使用
- 作業者の意思疎通と参加
- 類似プロセスのグループ化
- 重複作業の回避
- 適切な生産期待水準の開発
- 特定のプロセスの特徴を利用
- 工程の制約を回避
- 検査ではなくて試験をする
- 最初から正しく実行する

新製品の計画と予算管理のためのライフ・サイクル・モデル

　ライフ・サイクル・コスティングの現実問題は，組織内のほとんどの支援機能部門が原価計算について何も知らないことである。組織が直面している毎日の圧力のため，どの組織もコストの検討にほとんど時間を費やせない。更に，たいていの企業では，原価計算部門の人材はライフ・サイクル・コストの測定という財務的課題で忙しすぎる。「皆が忙しすぎるのは何もしていない証拠」という古いことわざがある。

　このジレンマの1つの解決法は，ここに紹介するライフ・サイクル・モデルを利用することである。利用するモデルは，ライフ・サイクル・コストの作成を支援する指針や定式を与えるのと同様に機能や活動毎にコストを計測する。モデルの定式は，企業の機能や活動に固有なものである。各定式が，労働，原材料，機械，時間，ムダに対するコストを表さなければならない。

　　　　　　　　　　ライフ・サイクル・モデル

設　計　機　能			
活　　　動	頻　度	定　式	ライフ・サイクル・コスト
概念開発			
詳細設計			
・製図			
・原材料展開表			
・経路			
データ・ファイルの更新			
・部品マスター・ファイル			
・部品展開表			
・経路			
書類			
・作業指示			
・テスト指示			

第8章　ライフ・サイクル・コスティング――研究開発から市場満足まで　183

　・梱包指示
原型
　・段取
　・製造
　・確認
操業訓練
　・書類
　・段取
　・工程
　・検査
　・梱包
試作
　・労働力
　・機械
　・原材料
　　　　　　　　　　　　　　小　計

| マーケティングと販売 |

<u>活　　動</u>　　　　　　頻　度　　定　式　　ライフ・サイクル・コスト
市場調査
広告
調査
　・市場
　・顧客
市場予測
販売支援
　・旅行
　・電話とＦＡＸ
　・管理
注文入力
　・コンピューター
　・郵便料金
　　　　　　　　　　　　　　小　計

| 原　材　料 |

<u>活　　動</u>　　　　　　頻　度　　定　式　　ライフ・サイクル・コスト
供給先

コンピューター・ファイルの更新
　・供給者ファイル
　・本船渡し条件，船便経由
コンピューター時間
供給者のフォローアップ
受入支援
　・材料運搬
　・数量確認
　・コンピューター時間
　・管理
検査
在庫品
　・在庫
　・取り出し
　・回転率
　・コンピューター時間
出荷
　・装置
　・包装
　・材料
　　　収縮包装
　　　パレット
　　　荷札
　　　箱
　・運送

　　　　　　　　　　　　　　　小　計

生　産

活　動	頻　度	定　式	ライフ・サイクル・コスト

原材料運搬
書類
　・作業指示
　・テスト指示
段取
原材料
労働作業
機械

労働テスト
再加工
スクラップ
コンピューター時間
　・作業状態
　・労働報告
　・品質報告

　　　　　　　　　　　　小　計
　　　　　　　　　　設計小計：＿＿＿＿＿＿＿＿
　　　　　マーケティングと販売小計：＿＿＿＿＿＿＿＿
　　　　　　　　　原材料小計：＿＿＿＿＿＿＿＿
　　　　　　　　　　生産小計：＿＿＿＿＿＿＿＿
　　　　　　　　　　　総計：＿＿＿＿＿＿＿＿

第 9 章

原価管理：継続的改善に力点を置く

改善の必要性がある領域を認識するだけでは，組織の成功は保証されていない。組織には認識だけでなく，改善を行うよう従業員を動機付けることが求められる。これが長期的成功をもたらす唯一の方法である。企業は従来から改善を要請し改善に影響を与える主要な手法として，金銭的報酬を与えるインセンティブ・プログラムを検討してきた。しかし，このタイプの改善は生産性の向上にしか注目しない。原価節約はほとんど注目されない。実際，従業員の多くは最終利益に影響を与える原価の問題を適切に理解していない。即ち，

　注意の矛先は，最終的な利益ではなく生産ラインに向けられるべきである。

　原価管理上で継続的改善を求める原動力を与え，原価を監視し分析する手法を示すことによって，原価管理はこのような考え方を変えることができる。本書で十分に述べてきたことだが，活動基準原価計算により組織は価値を生み出す活動と価値を生まない活動の双方を金額表示できる。価値を付加しない活動や無駄を生む活動こそが，継続的改善を促がす最大の目標となる。原価管理の役割は，このような原価を当事者の目に見えるようにすることであり，原価改善に向けて当事者を動機付けることが目的である。

組織内での原価責任と原価説明責任を決定する

　活動基準原価計算の結果が組織全体に伝達されることが必要であり，結果は改善を必要とする活動と実際に結びつく水準まで具体化されるべきである。この結果を伝達する際，最初から始めるのは良いことだが，これだけでは十分でない。以下のような結果責任もまた明確にされなければならない。

```
          誰に責任があるのか…？
管理コスト
設計コスト
技術コスト
```

> 調達コスト
> 製造コスト
> 配送コスト

　従来からこのような原価のカテゴリーで予算が編成され，実績と比較されてきた。しかし，上記のように規定されるカテゴリーは範囲が広すぎて，重要な改善努力を反映できない。各カテゴリーは，原価要素に分解されるべきでありこの原価要素は実際に行われた活動を記述する。これが，活動基準原価計算のバック・ボーンである。原価管理はこのような原価要素を識別し，各機能（部門）がデータを認識し収集することにより，原価要素データを得ることができる。原価要素の識別と収集手続きに貢献することにより，各機能は特定の原価要素の改善に影響を与える責任を進んでとるようになる。各機能は日々の活動を把握するよう努めるべきであり，原価管理は一連の原価要素の明確化に役立つ必要がある。図9－1には，支払勘定機能に関連する原価要素と活動が示されている。

　このリストは各機能がどのような活動を実行するかに依存している。このようなリストを完成させる時，各活動にどの程度時間をかけているかというデータ収集に労力や時間をあまり費すなと指摘したい。ここで必要なことは，ベンチマークを創出するためにサンプルを集めることである。従って，上記の活動のコストを明確にした上で改善手続きを始めることが，機能・組織の責任になる。例に挙げた支払勘定で，次の疑問が浮ぶ各活動に機能・組織が挑戦して欲しい。

> なぜ？？？
> 活動を完全に行う理由は？
> 活動にそれほど時間がかかる理由は？
> 活動にそれだけの原価がかかる理由は？

表9—1

支払勘定 活動	原価要素
送り状の分離と受領	労務費
送り状のエラー処理	労務費
仕訳入力	労務費，コンピューター使用時間
小切手処理	労務費，関連用品，コンピューター使用時間
封筒挿入	労務費，関連用品
小切手郵送	労務費，郵便料金
ファイル・メンテナンス	労務費，コンピューター使用時間
エラー処理	労務費，コンピューター使用時間
会議	労務費
意思伝達（電話・ファックス）	労務費，電話・ファックス使用料金

　改善は上記の疑問の解答が発見される時に実現し，この時使われる問題-解決手法は上記の活動を排除，削減，あるいは自動化するという解答をもたらす。原価をこのような活動に結び付け，削減手続きを方向付けることは，改善の強力なインセンティブになる。

　原価改善の責任は組織の特定階層に割り当てられるが，彼らが責任をとるかどうかは説明責任の有無にかかっている。原価改善活動の説明責任は，組織内の自分より一段上の階層に存在する。責任を有する階層が明白にした原価削減機会がいったん理解されると，この階層は改善を促す目標原価を設定すべきである。

　責任を有する階層と説明責任を有する階層は，改善の手続きをどのように進めるかについて意思伝達をはかるべきである。

原価改善と原価節約とを区別する

　我々の経験上，改善努力はそれに見合うほどの賞賛も浴びなければ注意も引かなかった。というのも，節約額は最終的な利益に対し目に見えて直結していないからである。労務費や原材料費の削減結果としてのみ節約額を認識する考

え方は，継続的改善のコンセプトにダメージを与えた。組織の中には，人員を削減しない限り労務費を節約できないとさえ信じているところもある。しかしこのような考え方を変えるべきである。原価管理で進んで受け入れるべきは，下記のリストに示される改善努力が最終的な利益に有利に働くことである。

- 最終的な利益に影響する改善努力
- スピード化
- 簡略化
- より安全に
- 向上

製品やサービスをより早く，簡単に，安全に，向上させるための努力は，組織の他の領域に有効に作用することが多い。例えば顧客が望む製品やサービスとは，より早く配送されるか供給されるものである。

その結果として，売上高の増加となることが多い。簡略化される活動は，しばしばエラー訂正のような余分な活動を排除する。活動をより安全に行う改善は，コスト節約額として確実に認識されるべきである。向上は仕事への満足，顧客満足等の様々な点で定義される。最終的なコスト節約額はこのような4つの方向性に従って行われる努力から生まれる。

あらゆる節約が組織で促進される必要がある。継続的改善プログラムに参加する多くの企業は，改善による節約額やコスト節約額をプログラム参加者が取りまとめる様々な手法を確立している。英国における我々のクライアントの1社は，原価管理シートを改善チームに与えており，このシートによって各チームメンバーは割り当てられたコストや節約額を見る上で役に立つ。表9－2はこのような原価管理シートの一例である。

各チームが活動の測定尺度を準備する時，このシートは節約額を実現するためにどの程度コストをかけたのかを示すツールになる。全ての原価を把握する目的は，費用対便益の結果を示すことにある。原価改善を求められる個人と同

表 9 – 2
原価節約額の管理

カテゴリー	内容	承認者	原価先	チームレコード 原価	チームレコード 節約額	備考
A	定期的に実行される検査期間中に認識されたメンテナンスの必要性。例えば、硬くて遅い調節器、老朽化した調節器、ダメージのためガタのきた安全装置、アクセス時間の遅延等	エンジニアリング	M&R	No	Yes	問題を認識すると、通常のメンテナンス手順を取るべきである。即ち、エンジニアリングかマネジメントからのチームメンバーが実行する。
B	どのアイテムもカテゴリーAに入らないが、£20未満のコストがかかる。留具の購入や簡単な変更・修正など	チーム	M&R	Yes	Yes	エンジニアリングかマネジメントからのチームメンバーが実行できる。
C	どのアイテムもカテゴリーA、Bに分類されないが、£300未満のコストがかかる	チーム	RFJ	Yes	Yes	チームがコストを認識し、確定して作業を承認する。
D	どのアイテムもカテゴリーA、B、Cに分類されないが、£300以上のコストがかかる。	運営委員会	必要に応じて	Yes	Yes	チームがコストを認識し、確定して文書化し、これを運営委員会に提出する。

様に，チームは努力の結果を表すこのようなチャートを準備すべきである。原価管理がチームとうまく協働するには，原価節約額を利益に示すチャートに加え，コストの測定尺度と改善パラメーターを開発することが必要である。図9－3と図9－4は原価改善チャートと原価節約額チャートの一例である。

　コスト改善は実際のコスト節約額以上に高い効果を示すように見える。この理由は，コスト改善が将来の測定結果であり，コスト節約額は日々の節約額しか表していないためである。例えば，月間1,250ドルの節約額をもたらす無駄の削減は，12カ月の節約額の結果である15,000ドルの原価改善をもたらす。

　我々は原価管理者にコスト改善額とコスト節約額両方の維持を行うように推め，チームはコスト改善チャートを使用するべきである。この原価改善チャートを使用するのは，より良い数値を得ようとするチームの動機付けに役立つからである。

継続的改善の環境を目に見えるようにする

　測定値を把握し報告する目的は，継続的な改善手続きを遂行する際に可視性を取り入れることである。我々の経験上，改善活動報告書の責任を取るチームは，業績の責任もまた受け入れる。重要なことは，これらの測定値は可能な限り正確であり，収集・維持しやすいことである。従業員のチームにこのような行動方針が与えられると，チームは適切な測定値を経営者に提供できる。

　効果的な手法は，チームのメンバー1人1人に当該チームの全測定値を収集する責任を割り当てることである。同様に，原価計算関係の担当者か運営委員会のメンバーに割り当てられるべき職務は，チームの全測定値を収集し，改善手続き全体の要約を提供することである。

　何が測定値の構成要素か，何がコストなのか，何が節約額かについてチーム・メンバーを訓練する狙いは，チームの成果の正確性を改善することである。我々が組織にアドバイスするのは，チーム・メンバーが望む意義のある測定値を改善チームが維持することである。最低でも，各チームは費用対便益の報告

図9-3

コスト改善の概念図

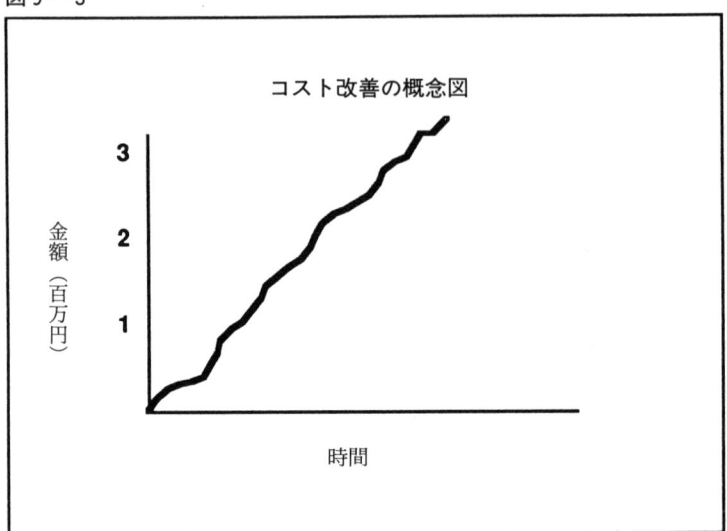

金額（百万円）／時間

図9-4

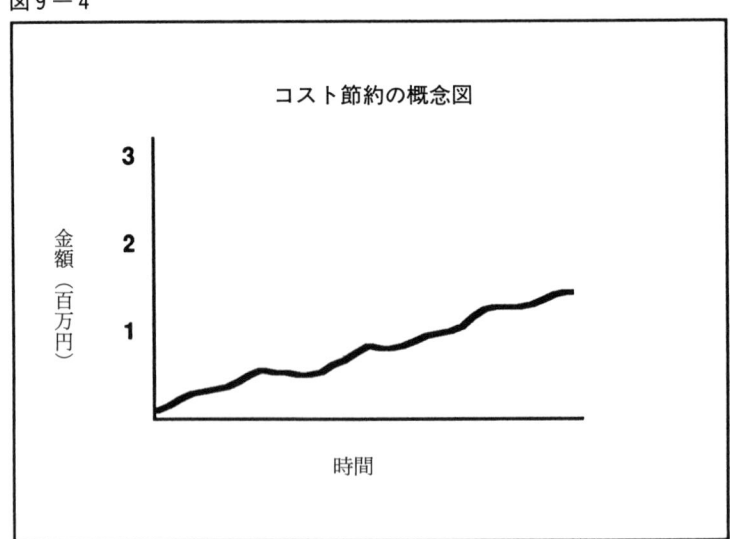

コスト節約の概念図

金額（百万円）／時間

書を出すべきである。チームが使用する次のような原価基準を開発して，原価管理者はそのプロセスを支援することができる。

原価基準	金額（単位：ドル）
１分あたりの段取	0.40ドル（1分）
１日あたりのサイクル・タイム	1,700ドル
１分あたりの機械停止	80ドル
１分あたりの休止時間	22ドル
１日分の部品及び製品スクラップ	実際額
在庫切れのコスト	250ドル
材料運搬コスト	労務費×時間
コンピューターへのデータ入力コスト	2.44ドル（1分）
ビジネス損失コスト	製品価値またはサービス価値

このような基準により，各メンバーが求める機会についてチームに可視性を与えることができる。更に，チームは各基準の測定結果を計算するため，締め切りまでにデータを集めるだけでよい。

Pro-Tech社の英国のクライアントで，そこの段取削減チームが使う測定値に注意を向けよう。このチームは業績向上を示す図９－６のような費用対便益グラフや図９－５のような要約シートを創った。彼らが採用した測定値の基準は自社における１分あたりの段取原価の大きさである。この原価（この例の全数字は米ドルベースである）は原価管理者によって１分当り0.47ドルと計算された。この数字は作業時間と福利厚生費の両者を含んでいる。

このチームは1,123.77ドルを節約するために479.00ドルを費やしたので，段取当り644.77ドルの純節約額が会社にもたらされた。しかし，このような改善に原価がかかる場合，この測定値は少し違って見えるかもしれない。

ここで次のチャートに注目して欲しい。

段取節約額	段取当り1,123.77ドル
月間，5回の段取	月当り5,618.85ドル
12カ月	年当り67,426ドル

図9-5

段取削減要約シート					
セグメント	現状の時間(分)	目標時間(分)	達成時間(分)	節約時間(分)	節約額	累積節約額
1)上部波形板の交換	175	90	38	137	$64.39	$64.39
2)上部波形板の段取	864	400	25	839	$349.33	458.72
3)グリーンベルトの調整	247	120	13	234	$109.98	568.70
4)薄型鋼板の長さの調整	1010	500	165	845	$397.15	965.85
5)薄型鋼板のリールの段取	383	200	47	336	$157.92	1123.77
合計	2679	1310	268	2391	$1078.77	
1分あたりの標準原価＝0.47ドル					

図9-6

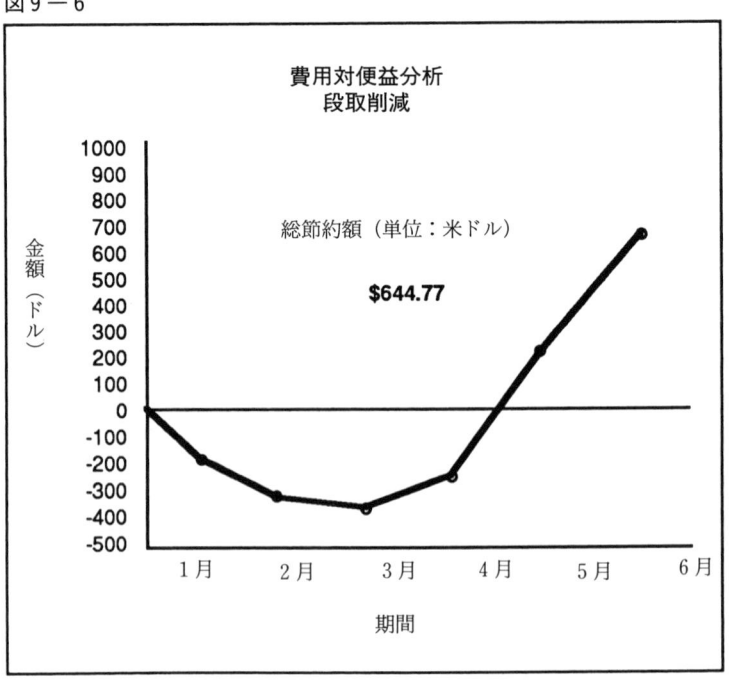

費用対便益分析
段取削減

総節約額（単位：米ドル）

$644.77

このチームは在庫削減による節約額を計算できたが，この在庫削減は大ロット生産を排除した結果である。この節約額は図9―7に記されている。

図9―7

在庫削減					
段取時間	ロット・サイズ	削減率	原価		
			原材料	維持	合計
2679分	100パレット	0%	79,500	9,937	89,437
1310分	50パレット	50%	39,750	4,968	44,718
670分	25パレット	75%	19,875	2,484	22,359
288分	12.5パレット	10.75%	9,937	1,242	11,179
原材料費は1パレットあたり795＄ 在庫維持原価は1日につき12.5％					

要　約

これまで見てきたように，改善による節約額に焦点をあてるチームが大変有望な結果を出せるのは，測定するための正しいパラメーターがこのチームに与えられる時である。"World Class: Measuring its Achievement (PT Publications, Palm Beach Gardens, FL)" という本で，我々が読者に提示したのは，利益を生む基礎となる考え方である。

Motorola UniversityのSenior Applications Consultant（上級応用コンサルタント）であるCarl Cooperは，我々の著作を次のように述べている。「全社的な測定についての最適な著作である」。我々が世界トップレベルの測定値を利用する目的は，我々の各クライアントに継続的改善を指向させることにある。活動基準原価計算はこの目的に適った手法である。我々が読者に是非とも薦めるのは，今日からでも自分の職場で活動基準原価計算に基づくプログラムを始めることである。今日の経済環境は，各地で行われている無駄の削減とコスト削減をせきたてている。我々は無駄話や組織のいざこざを除外すべきであり，世界トップレベルの競争環境で成功するカルチャーに変えるよう，共に努める

ことができる。副大統領の Al Gore でさえ，政府での無駄削減プログラムを進めようと企画している。活動基準原価計算は，政府，サービス業，製造業での「機会」をはっきりと認識し，際立たせることができる。活動すべき時開始すべき時は，まさに「今」である。

第10章

活動基準原価計算を導入する

活動基準原価計算（以下ABCと表記する）プログラムの実践にあたり，1度に全プログラムを導入する必要はない。実際，大部分の企業は自社の組織に少しずつこのプログラムを導入している。この導入方法を実践することにより企業は従業員に実績を提示し，このプログラムの有効性を段階的に教育できる。このため，Pro-Tech社で我々がいつも推奨しているのは，原価管理によって選択された原価要素は最大の改善機会を提示するということである。次のステップの内容は本書で論証されているように，原価の可視化に積極的に取り組み付加価値を伴わない業務の削減や削除に前向きに取り組むことである。企業は自ら作成したABCプログラムによるコスト削減期待に興奮しているので，原価管理者が原価要素を加えることが可能になって初めて，企業は自社の組織におけるあらゆる原価活動の管理を効果的にできるようになる。

Pro-Tech社のクライアントの大多数は，パイロット・プロジェクトとして品質コストを選択し，ABCプログラムを開始するようになる。あらゆる点で品質を強調するのが適切で，これから始めることは賛成である。しかし，他の原価要素が組織に大きな影響を与えるならば，このような領域からプログラムを開始すべきである。繰り返しになるが，改善にとって最もポテンシャルの高い領域をまず選択するのが原則である。

実績向上のためABCチームを選抜する

原価活動に可視性を拡張しようと望む企業にとって，職務機能と職務階層をまたがるチームを形成することが最も効果的な手法である。図10－1は可能な組合せ形態の一例を示している。

チームとして機能する6名から8名を選択する時，Pro-Tech社では組織に貢献する人は誰であれ，潜在的な候補者であり価値の高い情報源でもある。我々が繰り返して何度も強調するのは，チームの全メンバーは財務に関する知識を必ずしも有する必要はないということである。実際，チームが伝統的な原

価意識を持っていることが時には有害なこともある。本書を通じて論証してきたように，ABC は伝統的手法では全くない。そういう訳で，チームメンバーが新手法を修得できるように，旧式の手法を身につけていないメンバーがチームにいることがしばしば有用となるからである。もちろん，会計や財務経験者が当該チームには不必要というわけではない。言いたいことは，彼らがチームの主要メンバーにはならないということである。

図10−1

階層 \ 機能	製造	会計	エンジニアリング	品質管理	販売・マーケティング	人事管理	企画	資材	購買	その他
上級管理者		×								
中級管理者			×	×						
監督者						×	×		×	
現場管理者	×							×		

チーム・メンバー

多機能化に加えて，チームは様々な階層の人からも構成されるべきである。図10−1で示される組織の各階層からの代表者を選ぶのに，あらゆる努力をしなければならない。トップマネジメントの代表者は組織上の意思決定者であることが望ましい。現場管理の代表者は，各現場での従業員を代表するべきである。中間管理や監督者層の代表者は，ここで述べた2つの階層にはさまれる従業員の代表である。

チームメンバーを選抜後，企業が取るべき次の段階はチームとして機能する

よう教育することである。とりわけ重要であるのは，協働して時間を最大限活用できるように，このプロセスの初期段階で協調性と独自性のセンスを育成することである。

実践向戦力として機能するチームメンバーを教育する

職務を割り当てられたチームに独自性を育成することにより，チームは集中して実績に向かうようになる。チームの結成はこのプロセスの初期段階で行われるべきであり，今回新規にグループに入った人を対象にチーム力学を教育することから始めるのがベストである。このトレーニングは2〜4時間の講義から構成される。

チーム力学で最初に取り扱う項目の1つは，当該チームが自分達の使命宣言を作成することである。このグループに認められているのは，自らの責任の下で職務を遂行することであり，この時自ら取り組もうとする領域に注意を払うことで職務遂行は非常にうまくいく。使命宣言は簡潔明瞭であるべきであり，この一例として，我々のクライアントの使命宣言を下記に示す。

使 命 宣 言

効果的な原価管理手法を開発すること。この手法の内容は，付加価値を生み出さない全活動を洗い出すことにより，潜在的な原価領域を定義し，財務データの改善と透明性に向けて可視性をもたらすことである。

また，チーム名を自ら決めることが効果的であることがわかった。繰り返すが，この結果独自性がチームに育つ。ここに示すのはとても独創的なチーム名称のリストであり，我々のクライアントから見出したものである。

> チーム名称
> - Fasta Pasta（早いパスタチーム）
> - Cost Cutters（コスト削減チーム）
> - Profiteers（利益増チーム）
> - Saving Searchers（節約探索チーム）
> - Value Adders（価値付加チーム）
> - LEAP 2000（跳躍2000チーム）
> - FACE 2000（フェイス2000チーム）

最後に，我々の経験則上記しておくべきことは，チームは自らの活動に集中することで一連の目的を見出す。唯一の判断基準は，その目的がチームに与えられる職務に直接関係しなければならないことである。クライアントのチームが使用した一連の目的の内容を以下に挙げる。

チーム目的

- 組織全般で重要な改善機会を反映する原価報告を工夫すること。
- 各機能で実行される活動内容を全て洗い出し，付加価値を生み出さない活動を全て識別すること。
- 現状の業績を反映し，改善目標を設定する一連の業績尺度を開発すること。
- 改善活動の実行結果を全て記録すること。

このような目的のリストの長さは，チームが望む内容に依存する。強調すべきは，組織が望む水準以下の財務実績に影響する特定の活動を識別することである。直面する問題に対する有効な解決の糸口をチームに与える際に，チーム目的の設定は，使命宣言の作成と同じくらい有効であることが判明した。このようなチーム活動への集中プロセスから始める機会がチームに与えられるのが早ければ早いほど，スピーディーに結果が生じる。

チーム力学のトレーニング後，次のトレーニングの講義内容は問題解決のテ

クニックである。今日，企業で使用されている問題解決手法は非常に多岐にわたるが，我々がいつも主張する手法は真に問題を解決するものであり，単に表面的な解決を意図するものではない。ABCチームが利用する最も効果的なツールの1つが，原因・結果図分析である。このツールはしばしば「要因分析図（fishbone）」とよばれ，主にチームが原因と結果に注意を払いやすいように使われる。クライアントが完成させた図10－2の魚骨の形状に見られるように，この図は，ある特定の機能や実施された活動にチームが照準を合わせるように作成されている。

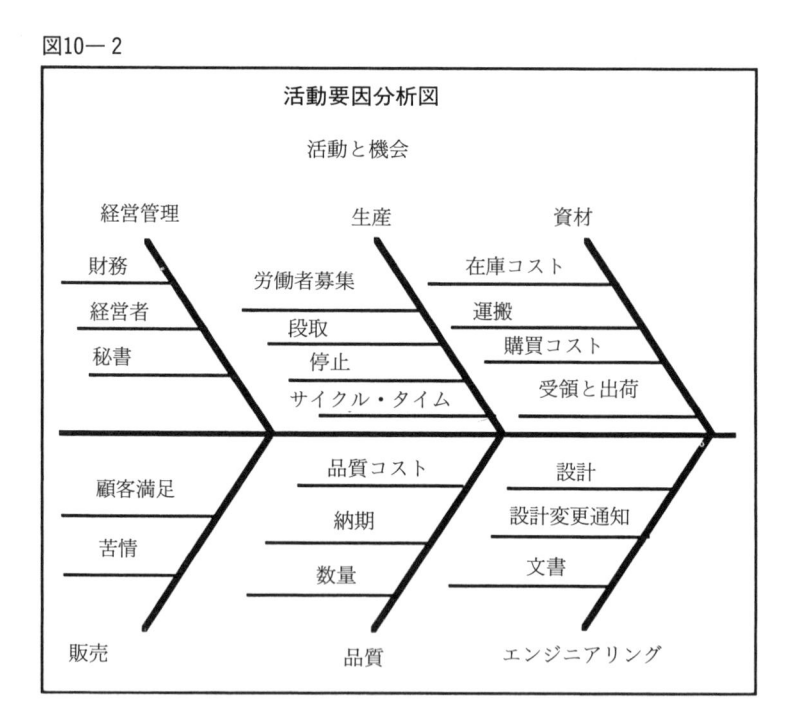

図10－2

活動要因分析図

活動と機会

経営管理／生産／資材
財務　労働者募集　在庫コスト
経営者　段取　運搬
秘書　停止　購買コスト
　　　サイクル・タイム　受領と出荷

顧客満足　品質コスト　設計
苦情　納期　設計変更通知
　　　数量　文書
販売＼品質＼エンジニアリング

　ABCチーム向けのトレーニングの最終段階は，活動原価計算である。我々がいつもこれを最後の実習として想定するのは，大多数の人々が伝統的原価管理手法に慣れ親しんでいるからである。チームのメンバーが，自らの業務をより効果的なものにするために，ABC手法の理論的裏付けが必要になる。

成功する機会をチームに与える

　トレーニング期間が完了すると，チームは現状の業務に集中し，企業が作成した投資利益率の実現に向かう。我々のクライアントに対して当該チームが要因分析図（fishbone）を作成し，チームとして活動を始めるため各機能の活動と機能の選択を支援する。各チーム・メンバーの積極的な参加により，数個の活動が選択されるべきである。チームは洗い出しの対象となる活動を選択するサブチームにさらに細分化されていく。

　これらのサブチームは割り当てられた機能を検討し，クリップボードを携えて，実行された活動を跡付けるべきである。全メンバーが使用する書式を作り

図10-3

職　務	時　間		設　備	人員	備　考
	作業時間	待時間			

職　務	作業時間	待時間	設　備	人員	備　考
活動調査表　機能：材料　活動：受領					
トラックからの荷下し	10	10	フォークリフト	1	1日50以上の売上
荷札を取る	5	120	──	1	
注文票のコピー	10	30	──	1	常に入手できるとは限らない
注文票のチェック	32	40	──	1	
数量チェック	15	120	──	1	個数を数えることができなければ箱の数だけ確認
データ入力	10	60	コンピューター	1	
部品を倉庫に移動	15	240	フォークリフト	2	品質検査が終了するまでの部品の待時間
ファイル更新事務作業	5	──		1	
合計	73	820			

出すことを我々は勧める。この書式により，メンバーはチームが把握すべき情報や，活動に関するコストを入手できるようになる。図10―3は，クライアントが作り出した書式の一例である。

必要なデータを把握した後，サブチームは分析のためABCチームに報告を戻す。チーム全体がデータを使用して，労務費，設備費，遊休時間を計算する。いったんこれが実施されると，チームは活動が付加価値を生み出すかどうかを決定する。図10―3で示されるケースでは，受領活動の平均原価が計算されている。1日あたりの平均的な受領個数を決定することにより，チームはコストを単位当り受領コストまで細分化できる。

ABCチームは機会に注目し組織に分析結果を知らせることにのみ責任がある。また，改善策が実施される時に生じる節約額を把握し，生み出される利益を予測することにも責任がある。改善策そのものの導入は，段取削減チーム，供給管理チーム，品質チーム，予防保全チーム，サイクル・タイム・チーム等のような他のチームによって実行されなければならない。

要　約

ABCに基づく報告書は多くの企業にとって全く新しいコンセプトではない。我々のクライアントの多くが述べるには，何年にもわたりABCの手法を使って業績を報告している。しかし報告してきた業績は継続的改善を促進するためには使用されず，報告活動の多くは短命であった。

我々が強く確信しているのは，ABCはデータ収集結果を反映するだけの単に新しい手法にすべきでないということである。この結果は経営者によって評価され，低迷する業績を戦略的に改善するために使われるべきでもある。競争的市場では，ABCによって経営者は「機会」領域を決定し継続的改善を追求しようと試み，それが可能になる。

本書で展開された手法を使用することにより，当該企業は財務結果として表示される業務実績の可視性をさらに改善できる。ABCが繰り返し提示するの

は，製造原価を削減し，市場占有率を増加させ，企業収益率を改善するプログラムを始める理想的な手法が ABC であるということである。

　本書で切に望むのは，我々の手法を採用し，クライアントとなり，ハードワークによりもたらされる成功を享受することである。ABC チームを結成することをためらってはいけない。**即，実行あるのみ。**

ケース　スタディ

自製か購入か

ケーススタディ　PART 1

　当該企業では最終製品組立部品のフェイス・プレートを製造している。伝統的な原価計算手法と次のデータを用い、フェイス・プレートのコストを計算しなさい。

材料費

材　料	コスト
フェイス・プレート	$ 4.72
送風機用のプレート	32.41
前面プレート	16.54
背面プレート	13.85
スタンド	3.46
吸収熱材	10.35
スクリュー（6個）	0.17
計	81.50

労務費

- 機械作業……収熱材のドリル穴開け作業　（1ロット10個）
- 労務費率……間接労務費　@18.14ドル；直接労務費　@11.04ドル

・作　業	間接費	直接費
機械のセット・アップ……1.1hrs（時間）		$12.14
機械稼働時間……0.42hrs		4.64
清掃・除去作業……0.25hrs		2.76
検査……0.5hrs	$0.91	
記録作業……0.05hrs	9.07	
下請け向けの吸収熱材の酸化処理……0.5hrs	9.07	
下請けから受け取る吸収熱材……0.17hrs	3.08	
計	22.13	19.54

製造間接費

- 製造間接費率　＝　直接労務費合計の120％

コストの見積りは次のようになる。

材料費	$81.50
労務費	$19.54
製造間接費	$23.45　（$19.54×1.2）
計	$124.49

PART 2

　伝統的原価計算方法でコスト計算をした数日後、ある下請けに要請していた見積書を受け取った。それにはフェイス・プレートを117.38ドルで提供できるとあった。当初、当該下請けからの購入により、部品単位あたり7.11ドルのコストが節減できるように思われた。しかし、その下請けからの購入ルートを選択するならば、追加的なコストが発生する。

材料費 コスト
　熱吸収材用のボルト4本　（ボルト@0.05ドル）　　$0.20

労務費
　熱吸収材にボルトの据え付け……0.95hrs　　10.49
　フェイス・プレートの組立……0.06hrs　　0.66

合　計　　$11.35

　実際、その部品を購入するには128.73ドルのコストがかかる。上記のコストを追加すれば、自社製造するよりも購入するほうが4.24ドルの追加的なコストがかかるように思われる。このコスト計算から考えると、フェイス・プレートの自社製造を続けるべきである。しかし、このような意思決定をする前に、活動基準原価による見積コストを計算することにしよう。

PART 3

　活動基準原価計算（Activity Based Costing）によるコスト計算は製造間接費について次のような結果となった。ちなみに間接労務費率は18.14ドルである。まず最初の部分では、部品を自社製造した場合に発生するコスト数値を、次の部分でフェイス・プレートを購入した場合に発生するコスト数値をそれぞれ示している。

受取と検査活動のコスト

フェイス・プレートの製造

部　品	受取時間	検査時間
フェイス・プレート	0.17hr	0.5hr
送風機用のプレート	0.17hr	0.5hr
前面プレート	0.17hr	0.5hr
背面プレート	0.17hr	0.5hr
スタンド	0.17hr	0.25hr
吸収熱材	0.17hr	0.5hr
合　計	1.02hrs	2.75hrs

Cost　　　　　　3.77hrs × 18.14ドル = 68.39 ドル

フェイス・プレートの購入

部　品	受取時間	検査時間
フェイス・プレート	0.17hr	0.5hr
吸収熱材	0.17hr	0.5hr
合　計	0.34hrs	1.0hrs

Cost　　　　　　　　　　1.34hrs　×　18.14^{ドル} = 24.30^{ドル}

　フェイス・プレートを自製する代わりに購入する場合、受取と検査活動コストは44.09ドル少ない。

在庫活動コスト

フェイス・プレートの製造

部　品	保管に要する時間	在庫品搬出の時間
フェイス・プレート	0.03hr	0.03hr
送風機用のプレート	0.03hr	0.03hr
前面プレート	0.03hr	0.03hr
背面プレート	0.03hr	0.03hr
吸収熱材のドリル作業	0.03hr	0.03hr
EPRのW/O	<u>0.17hr</u>	<u>0.03hr</u>
合　計	0.32hrs	0.18hrs

Cost　　　　　　　　　　0.50hrs　×　18.14^{ドル} = 9.07 ^{ドル}

フェイス・プレートの購入

部　品	保管に要する時間	在庫搬出の時間
フェイス・プレート	0.03hr	0.03hr
吸収熱材	<u>0.03hr</u>	<u>0.03hr</u>
合　計	0.06hrs	0.06hrs

Cost　　　　　　　　　0.12hrs × 18.14ドル = 2.18 ドル

フェイス・プレートを自製する代わりに購入する場合、在庫活動コストは6.89ドル少ない。

購買活動のコスト

フェイス・プレートの製造

部　品	部品注文時間
フェイス・プレート	0.1hr
送風機用のプレート	0.1hr
前面プレート	0.1hr
背面プレート	0.1hr
スタンド	0.1hr
吸収熱材	<u>0.1hr</u>
合　計	0.6hrs

Cost　　　　　　　　　0.6hrs × 18.14ドル = 10.88 ドル

フェイス・プレートの購入

部　品	部品注文時間
フェイス・プレート	0.1hr
吸収熱材のボルト	0.1hr
合　計	0.2hrs

Cost　　　　　　　　　　　0.2hrs　×　18.14ドル＝ 3.63 ドル

　フェイス・プレートを自製する代わりに購入する場合、購買活動コストは7.25ドル少ない。

Cost of Planning（設計・企画活動のコスト）

フェイス・プレートの製造

部　品	W/O時間
A－熱吸収材のW/Oの切断、ドリル	0.03hr
B－機械作業への仕掛品の受入	0.03hr
C－EPRへW/Oの配送	0.17hr
D－EPRへ熱吸収材の配送	0.5hr
E－EPRから熱吸収材の抽出：切断工程	0.17hr
合　計	0.9hrs

Cost　　　　　　　　　　　0.9hrs　×　18.14ドル ＝ 16.33ドル

フェイス・プレートの購入

部　品	作業時間
作業場でのフェイス・プレートの組立	0.03hr
合　計	0.03hrs

Cost　　　　　　　　0.03hrs　×　18.14ドル＝0.54ドル

　フェイス・プレートを自製する代わりに購入する場合、設計・企画活動コストは15.79ドル少ない。

　今改めて、我々の計算をまとめフェイス・プレートの総コストを決め、それを購入するか自社製造するか決定しよう。

	自　製	購　入	差　異
材　料　費	$81.50	$117.38	$ (35.88)
労　務　費	19.54	11.15	8.39
製造間接費			
受　取	68.39	24.30	44.09
在　庫	9.07	2.18	6.89
購　買	10.88	3.63	7.25
設計・企画	16.33	0.54	15.79
合　　計	104.67ドル	30.65ドル	74.02ドル
トータル・コスト	205.71ドル	159.18ドル	46.53ドル

　このように、たとえ伝統的原価計算方法によって自製の意思決定が導かれたとしても、実際にフェイス・プレートを自製するよりも購入するほうが46.53ドルのコストを節約できる。活動基準原価計算（ＡＢＣ）を利用する方が効果的である。というのは、当該部品について真のトータル・コストが示されるためである。この他にいったいどれだけ数の自製か購入かについての意思決定が、伝統的な原価計算に基づいて行われているのだろうか。

事項索引

【A】
ABCチーム …………200, 204, 206, 207
ABCプログラム ……………………200

【D】
DFP ……………………………180, 181
DTC ……………………………180, 181

【E】
EDI ……………………143, 157, 163

【I】
ISO9000 …………………………64

【イ】
意思決定23, 25, 50, 51, 62, 108, 136, 150
意思決定プロセス ……………108, 142
意思決定項目……………………25

【ウ】
運搬設備コスト……………………70

【カ】
「カンバン」方式………………148
カンバン ……………………156, 157
カンバン・カード ………………162
カンバン・システム …………157
価値分析手法 ……………………79
課業……………………………57, 179
会計システム……………………70, 130
会計情報……………………………63
会計報告……………………………20
改善 ……………………………127, 141
改善チーム ………149, 150, 153, 193
改善チャート ……………………193
改善プログラム …………………139
改善プロセス……………………92
改善プロセスの5ステップ ………131
改善活動報告書 …………………193
改善機会……………………22, 51, 52, 133
改善責任 …………………………139
改善努力 …………………………149
改善目標 …………………………203
開発コスト ………………………172
外部構成要素………………………69
外部失敗……………………………65
外部失敗コスト ……………66, 68, 69
外部納入業者………………………18
価値分析手法 ……………………79
活動………………………………98

活動の原価を追跡すること………56
活動コスト………………………85
活動基準原価計算
　　62, 64, 66, 69, 70, 79, 84, 85, 90, 93,
　　96, 97, 98, 103, 104, 109, 113, 115,
　　118, 119, 121, 122, 148, 161, 166, 175,
　　188, 189, 197, 200
活動基準原価計算システム
　　………81, 86, 91, 96, 102, 114, 115, 117
活動基準原価計算プログラム……200
活動原価………………15, 58, 96, 102
活動要因分析図………………204
間接活動………………………109
間接機能………………………113
間接費……………………84, 109
間接労務費……………………91
管理コスト………………84, 85, 86
管理会計に対する不満…………17
管理機能………………………113
管理費…………………………114

【キ】
機会………………176, 198, 206
機会の窓………………………172
機会の領域……………………66
機会原価………………………135
企業収益の測定………………20
企業収益率……………………207
機能………………97, 109, 113

機能別活動の原価………………22
機能領域………………………126
技術コスト……………………170
技術変更コスト………………136
供給管理プログラム…………77
業績データ……………………25
業績尺度……………21, 22, 134
業績測定………………………20
業績測定基準…………………20
業績評価………………………50
業務カテゴリー………………115
業務結果………………………117

【ク】
区分……………………………115

【ケ】
経営意思決定プロセス………108
経営階層………………………103
経営報告単位…………………57
継続的改善………25, 188, 197, 206
継続的改善プログラム…………91
継続的改善プロセス…………145
経費……………………………51
原因・結果図分析……………204
原価のカテゴリー……………189
原価システム
　　………21, 51, 62, 96, 97, 102, 117, 121
原価データ……………18, 25, 64, 115

原価レベル……………………………98
原価改善………………51, 188, 190, 193
原価改善チャート ………………………193
原価改善活動 …………………………190
原価改善機会……………………………30
原価活動 …………………………135, 136
原価管理
　…19, 111, 112, 165, 172, 188, 189, 193
原価管理シート …………………………191
原価管理システム …………63, 69, 141
原価管理プログラム ……………………164
原価管理者 ……………………………132
原価基準 ………………………………195
原価計算 ………………………………157
原価計算の手法……………………………18
原価計算システム ………………19, 26
原価結果…………………………………58
原価構造 …………………30, 98, 102
原価構造の変遷……………………………16
原価削減…………………………30, 56, 58
原価削減機会 ……………………176, 190
原価削減戦略……………………………58
原価削減の真の機会……………………58
原価算定式 ……………………………108
原価実績…………………………51, 139
原価責任…………………………………58
原価節約 …………………………188, 190
原価節約額チャート ……………………193
原価説明責任 …………………………188

原価中心点……………………………97
原価配賦………………………………19
原価標準 ……………………………164
原価分類 …………………………62, 86
原価報告システム ……………………22
原価報告活動 ………………………102
原価報告書 …………………………115
原価見積 ……………………………175
原価目標 ……………………………140
原価要素
　15, 22, 50, 51, 52, 54, 58, 99, 113, 114,
　119, 120, 121, 135, 136, 175, 179, 189
原価要素データ ……………………189
原価割付フロチャート ……………117
原材料費
　15, 26, 51, 58, 68, 90, 98, 101, 136, 180

【コ】

コスト・ドライバー
　……………14, 21, 22, 66, 98, 174, 175
コストの改善機会 …………………178
コスト改善目標 ……………………150
コスト削減の機会 …………………175
コスト削減効果 ……………………161
コスト節約額 ………………………191
コスト要素 …………………………171
コンピューター処理コスト……………81
購買機能 …………………………113, 114
顧客満足 ………………30, 31, 49, 50

【サ】

サイクル・タイム
　50, 111, 129, 130, 148, 149, 153, 156, 179
サブチーム …………………………206
在庫コスト ……………………70, 76
在庫削減………………………………76
在庫維持コスト ………………70, 161
再集計 …………………………………115
材料費 …………………………22, 49
財務システム ………………………130
財務会計報告 …………………………16
財務業績 ……………………………104
財務結果 ……………………………117
財務報告システム …………………104

【シ】

ジャスト・イン・タイム
　………………15, 19, 128, 141, 162
仕掛品在庫費 …………………………91
仕損費報告書 …………………………21
使命宣言 ………………………202, 203
資源……………………………………96
資源・コスト ………………………150
資材購入コスト ……………………165
資本コスト ……………………………71
失敗コスト ………………………66, 69
失敗原価 ………………………………56

実績報告書 …………………………105
6シグマ手法 ………………………153
6シグマ品質 ………………………128

【セ】

セルラー作業 ………………………153
セルラー作業プロセス ……………154
正確 ……………………………………25
製造コスト ……………………90, 93
製造サイクル・タイム ……………150
製造間接費
　15, 16, 18, 19, 21, 22, 23, 26, 62, 68,
　109, 111, 112, 119, 122, 180
製造間接費配賦基準 …………19, 51
製造機能 ……………………………174
製造結果………………………………20
製造原価…………15, 18, 56, 112, 207
製造原価計算システム ………………27
製造原価要素 …………………51, 52
製造費用 ……………………………115
製品ラインの収益性 ………………121
製品原価…………17, 18, 19, 56, 96
製品原価報告書 ………………………86
製品原価要素 …………………………52
製品総原価 …………………………175
製品別の収益性 ………………………62
税金とサービス ………………………71
世界クラス …………………………142
世界クラスの企業 …………………134

責任中心点 …………………………97
節約額 ……………………145, 154, 206
説明責任 …………………………190

【ソ】

総勘定元帳 …………115, 116, 117, 119
操業コスト ………………………174
総原価
  30, 50, 62, 64, 90, 97, 104, 114, 177, 178, 180
総原価システム ………………21, 62
総コスト ……………………27, 31, 84
総合原価分析……………………23
総合的品質管理 …………………128
総合品質 …………………………162
総合品質管理…………15, 31, 64, 141
総製品原価 ………………………180
測定尺度 …………………………191
組織運営コスト …………………97
組織階層 …………………………126

【タ】

多機能チーム・アプローチ ………108
多機能チーム ……………………133
段取コスト ………………………160
段取削減 ……………………160, 162
段取削減チーム …………………195
段取削減プログラム ……………160
段取時間 …………………………161

【チ】

チームの形成……………………15
チームの測定尺度 ………………141
チーム目的 ………………………203
貯蔵スペース・コスト …………70
調達コスト ………………………77
直課 ………………………………111
直接労務費 ………………15, 17, 18, 91

【テ】

データ収集 ………………………162
データ処理コスト ………………80
デミング賞 …………………64, 142
適合原価 ……………………31, 52
適合水準 …………………………31
適合性………………………………69
適合性のコスト …………………87, 89
適合性の問題点…………………87
適合性の要素……………………88
適正評価 …………………………162
伝統的システム …………26, 27, 114
伝統的な会計実践………………14
伝統的な原価意識 ………………200
伝統的な測定尺度………………22
伝統的コスト測定手法……………85
伝統的会計慣行 …………………172
伝統的原価システム………18, 22, 62
伝統的原価管理システム…………19

伝統的原価管理手法 ……………204
伝統的原価計算 ………………109

【ト】
トータル・サイクル・タイム ……148
統計データ ………………116
統計的工程管理 ……………153
統合勘定 ………………120
取引ファイル ………………116

【ナ】
内部原価報告…………………54
内部構成要素…………………69
内部失敗………………………65
内部失敗コスト ……………65, 67
内部報告書 …………………104

【ノ】
納入業者管理 …………………164
納入業者管理プログラム …………166
納入業者認証 …………………142
納入業者認定プログラム …………164

【ハ】
バーコード化プロジェクト ………143
配送コスト ……………………23
配賦 ……………………105, 111
配賦プロセス ……………104, 105
配賦方法 ………………180

【ヒ】
費用対便益 …………………139, 193
費用対便益分析 ………………149
費用便益尺度 …………………139
非財務活動……………………27
非財務データ…………………26
非財務的コスト………………27
非財務的コスト・データ…………26
非付加価値……………………54, 103
非付加価値コスト ……………153
非付加価値活動
　………14, 19, 25, 150, 156, 174, 175
標準化 …………………178
標準価格………………………25
標準原価 ………………111
標準原価計算システム……………25
評価コスト ……………66, 69
評価原価………………………56
評価尺度 ………………126
品質……………31, 50, 56, 102, 164
品質コスト 23, 32, 50, 51 64, 65, 66, 165
品質コストの伝統的な構造…………67
品質システム基準………………64
品質改善…………30, 31, 66, 142, 149
品質管理………………………50
品質管理報告書 ………………175
品質目標………………………50
敏速な製造 …………………127

敏速な製造環境 ……………………161

【フ】

不適合水準……………………………31
不適合コスト…………………………81
不適合データ…………………………65
不適合原価…………………31, 50, 52
不適合問題……………………………69
不適切なデータ………………………25
付加価値 ………………54, 69, 121, 150
付加価値アプローチ ………………129
付加価値コスト ……………………150
付加価値活動………………14, 103, 150
部門……………………………………97

【ヘ】

ベンチマーキング …………………134
ベンチマーク ………………………148
平均原価 ……………………………206

【ホ】

ボルドリッジ賞…………………64, 142
報告活動 ……………………………102
報告結果 ……………………………103

【ミ】

見積利能 ……………………………175

【ム】

無駄…………21, 22, 26, 58, 86, 112, 153
無駄削減プログラム ………………198

【モ】

目標原価 ………………173, 180, 190

【ユ】

有効なデータの欠如…………………25

【ヨ】

予算／予測 …………………………116
予防コスト ………………………66, 69
予防原価………………………………56
要因分析図 ………………136, 204, 205

【ラ】

ライフ・サイクル ……………171, 174
ライフ・サイクル・コスティング
　　………170, 172, 174, 180, 181, 182
ライフ・サイクル・コスト
　　……………128, 171, 172, 173, 182
ライフ・サイクル・コスト・ドライバー
　　……………………………………175
ライフ・サイクル・モデル …171, 182

【リ】

リードタイム…………21, 128, 176, 179

リードタイム・コスト ……………165
利益中心点………………………97

【ロ】

労務費

　15, 16, 18, 22, 26, 49, 51, 58, 68, 98,
　99, 101, 136, 180, 190

＜訳者紹介＞

溝口　周二（みぞぐち　しゅうじ）

1973年3月横浜国立大学経営学部卒業

1973年4月横浜国立大学大学院経営研究科修士課程入学

1975年3月横浜国立大学大学院経営研究科修士課程修了

1975年4月株式会社三菱総合研究所入社

1987年3月株式会社三菱総合研究所退社

1987年4月横浜国立大学経営学部助教授

1993年4月より横浜国立大学経営学部会計・情報学科教授

【著書】

『フィールド・スタディ現代の管理会計システム』（中央経済社，1991年）

『日本企業の管理会計システム』（白桃書房，1993年）

『現代社会と会計』（中央経済社，1994年）

杉本　正隆（すぎもと　まさたか）

1993年3月早稲田大学商学部卒業

1993年4月第一勧業銀行入行

1997年11月第一勧業銀行退社

1997年12月シグマベイスキャピタル株式会社入社

2000年3月高千穂商科大学大学院経営学研究科修士課程修了

現在シグマベイスキャピタル株式会社研究開発部研究員

【翻訳書】

『クレジットリスクマネジメント』（共訳，シグマベイスキャピタル，1999年）

活動基準原価計算入門
――コストマネジメント理論の実践――

2000年6月30日　第1刷発行

　　　訳　者　　溝口周二　杉本正隆
　　　発行者　　清　水　正　俊
　　　発行所　　シグマベイスキャピタル株式会社
　　　　　　　　〒103-0022　東京都中央区日本橋室町4-1-21
　　　　　　　　　　　　　　　　　　　　　　近三ビル8F
　　　　　　　　TEL 03(5203)5505　FAX 03(5203)5502
　　　　　　　　http://www.sigmabase.co.jp/
　　　　　　　　印刷・製本　中央精版印刷株式会社

2000 Printed in Japan
ISBN4-916106-46-6
乱丁・落丁本はお取替えいたします。

シグマベイスキャピタルの本

クォンツ定量分析によるマーケットの最新事情
日下邦弘・上條 修・上野朋子／共著　　　A5判並製　本体3800円

時々のマーケットをいかに分析し、どのような結論を導いたか。本書は著者たちのマーケットとの格闘の記録であり、高パフォーマンス実現への手引書である。

グローバルエコノミーの潮流
中島精也／著　　　四六判上製　本体1800円

日・米・欧そしてロシア・アジア・中南米経済と金融資本市場。屈指のマーケットエコノミストが複雑に絡み合った糸を丹念に解きつつ、マーケット分析の視点を明解に提示する。

マネー進化論
佐藤節也／著　　　四六判上製　本体2000円

電子マネーがグローバル・ネットワーク社会に何をもたらすか。次世代に課せられたテーマは、リアルな世界とデジタルな世界とをどうリンクするか、である。

株主重視経営
玉木　勝／著　　　四六判上製　本体2400円

株主重視経営がいかに株価に反映するのか。日米の企業経営、ベンチャー企業、株式市場、店頭市場、ナスダックを比較し、日本の企業経営の再生を展望する。

金融イノベーター群像
久原正治／著　　　四六判上製　本体1800円

ジャンク債の帝王マイケル・ミルケン、金融データ情報革命をおこしたブルームバーグなど米国金融の時代を変えた革命児達。本書はそんな彼らの活躍を紹介すると共に、日本の金融再生への課題を提示する。

デイトレーダーのためのマーケットプロファイル分析
柏木淳二／著　　　A5判並製　本体2000円

株式売買手数料自由化やオンライン取引が活発になり、注目を浴びてきたオンラインデイトレード。この取引を、マーケットプロファイル分析を用いて詳しく解説。

表示価格は税別です。